高等学校交通运输与工程类专业教材建设委员会规划教材

公路工程造价案例分析

李海青　主　编
高明星　李润梅　副主编
周安俊　主　审

人民交通出版社股份有限公司
北　京

内 容 提 要

在全书内容的选取上,作者力求工程案例来源于工程实际,并且案例要具有代表性和针对性,能突出造价管理知识,为读者理解公路工程项目全过程造价管理工作,掌握工程造价相关知识、掌握工程造价的确定与控制、深入分析公路工程项目建设全过程动态造价管理,提供一定的实用价值。

本教材为普通高等院校教材,适用于普通高等院校、成人高校等有关院校公路工程管理专业、公路工程造价专业、道路桥梁工程专业及其他相关专业,也可作为社会从业人员的参考读物。

图书在版编目(CIP)数据

公路工程造价案例分析 / 李海青主编. — 北京:人民交通出版社股份有限公司,2020.12
ISBN 978-7-114-16979-3

Ⅰ. ①公… Ⅱ. ①李… Ⅲ. ①道路工程—工程造价—案例 Ⅳ. ①U415.13

中国版本图书馆 CIP 数据核字(2020)第 252029 号

高等学校交通运输与工程类专业教材建设委员会规划教材
Gonglu Gongcheng Zaojia Anli Fenxi

书　　名:	公路工程造价案例分析
著 作 者:	李海青
责任编辑:	李　瑞
责任校对:	孙国靖　宋佳时
责任印制:	刘高彤
出版发行:	人民交通出版社股份有限公司
地　　址:	(100011)北京市朝阳区安定门外外馆斜街 3 号
网　　址:	http://www.ccpcl.com.cn
销售电话:	(010)59757973
总 经 销:	人民交通出版社股份有限公司发行部
经　　销:	各地新华书店
印　　刷:	北京虎彩文化传播有限公司
开　　本:	787×1092　1/16
印　　张:	11.5
字　　数:	248 千
版　　次:	2021 年 2 月　第 1 版
印　　次:	2024 年 1 月　第 3 次印刷
书　　号:	ISBN 978-7-114-16979-3
定　　价:	35.00 元

(有印刷、装订质量问题的图书由本公司负责调换)

前·言
Preface

为适应新一轮科技革命和产业变革的新趋势,2018年教育部颁布《关于加快建设高水平本科教育全面提高人才培养能力的意见》及《普通高等学校本科专业类教学质量国家标准》,从国家层面提出实施卓越工程师教育培养计划2.0。其主旨是改造升级传统工科专业,实现从学科导向转向产业需求导向、从专业分割转向跨界交叉融合、从适应服务转向支撑引领加快建设发展新工科,探索形成中国特色、世界水平的工程教育体系。高等教育要以服务经济社会发展为宗旨,为学生提供更高质量的学习经历,致力于提高学生未来可持续发展的需要,坚持育人为本,促进德技兼修。

本教材基于我国工程造价管理模式从工程定额的单一管理转变为对工程项目建设周期全过程造价管理,以中华人民共和国交通运输部在2018年颁布的公路工程投资估算、概算、预算编制办法及配套定额(指标)等公路工程造价计价依据为标准,对公路工程造价的理论和方法进行梳理,以适应行业新标准、新规范及当今高等教育中实践教学、案例教学越来越受到重视的新趋势,从而更好地契合社会发展,满足用人单位的人才需求。

本教材编写遵循的基本思路为:(1)根据教育部关于培养高等教育应用型复合人才的相关精神,广泛进行社会调研,在充分征询行业专家意见的基础上,采用案例教学方式,突出实践环节,突出专业特色,强调技术技能教育,聚焦构建与人才培养目标和职业面向相匹配的实际工程案例教学,切实强化学生的实践能力。(2)按照公路工程造价专业的人才培养目标和教学计划进行编写,紧密结合我国公路工程造价管理方面的有关新标准、新规范,并融入了全国交通类公路工程造价专业的教学改革成果。(3)教材从交通行业岗位群对人才的知识结构和技能要求出发,结合对学生创新能力、职业道德方面的培养要求,提出教学目标和教学内容;在教材的理论体系、组织结构、内容描述上更突出实践能力的培养。

《公路工程造价案例分析》主要内容包括:第一章总论,在这一章里主要阐述公路工程项目建设全过程造价管理的概念、理论及方法,目的是让学生建立工程造价管理工作是贯穿于工程项目建设全过程的思想。第二章至第八章紧密结合我国工程造价管理工作的政策和技术发展,采用了最新的技术标准、规范,选用具有突出知识点的工程案例,来建立学生工程造价的知识结构和技能;使学生从建设项目投资估算及经济评价、公路工程定额运用与造价编制、工程设计方案及施工方案技术经济分析、公路工程招标与投标管理、公路工程项目合同价款管理、公路工程价款结算与竣工决算、公路工程项目审计等方面,全面理解公路工程建设项目的全过程造价管理。

本教材由长期从事公路工程造价专业教学的教师与具有丰富实践经验的工程成本管理与控制的工程师共同编写,内蒙古大学交通学院李海青为主编,内蒙古农业大学能源与交通工程学院高明星、亿利资源金威物产集团有限公司李润梅为副主编,由重庆交通大学经济与管理学院周安俊为主审。各章作者如下:第一、八章李海青;第二、五、七章李润梅;第三章高宇(内蒙古华通公路工程咨询有限公司);第四章高明星;第六章陈静(内蒙古建筑职业技术学院交通与市政工程学院)。全书由李海青负责统稿,其他编者也为本书的编辑和校阅做了大量的工作。

特别说明,本教材案例是在公路工程建设项目实际案例基础上提取的,因此引用的某些法律是按照项目建设时期的实际情况采用的。

作者在本书编写过程中,参阅和引用了多位专家、学者论著,在此表示衷心的感谢。

由于编者水平有限,错误、疏漏之处难免,恳请使用本教材的师生读者提出宝贵意见,以便本书再版修订完善。

编 者
2020 年 12 月

目 录
Contents

第一章 总论 ……………………………………………………………… 001

第二章 公路工程建设项目投资估算与经济评价 ………………………… 012

第三章 公路工程定额运用与造价编制 …………………………………… 033

第四章 公路工程建设项目设计及施工方案技术经济分析 ……………… 075

第五章 公路工程建设项目招标与投标管理 ……………………………… 096

第六章 公路工程建设项目合同价款管理 ………………………………… 115

第七章 公路工程建设项目价款结算与竣工决算 ………………………… 146

第八章 公路工程建设项目审计 …………………………………………… 159

参考文献 ……………………………………………………………………… 174

第一章
总 论

  自20世纪80年代以来,在建设项目造价管理领域中先后出现了由中国建设项目造价管理学界提出的建设项目全过程造价管理(Whole Process Cost Management—WPCM),及由国际工程管理领域提出的建设项目全生命周期造价管理(Life Cycle Cost Management—LCCM)和建设项目全面造价管理(Total Cost Management—TCM)的理论与方法。

  建设项目全过程造价管理是实现建设项目造价管理目标的根本手段,其在工程项目施工成本管理的基础上,扩展到项目造价集成管理、项目造价范围管理、项目造价风险管理、以及项目运营成本管理与工程项目审计,将控制工程造价的观念渗透到建设项目生命周期内的各个管理阶段,有效提高了工程造价效益。

  公路工程项目造价管理是建设项目造价管理学科理论中的一个分支,随着我国建设项目造价管理学科理论的发展而变化,这使得公路工程建设项目造价管理从单一基于由公路工程定额确定工程造价的管理模式转变为基于公路工程项目建设全过程造价管理模式。

  本书第一章主要介绍建设项目全过程造价管理的理论与方法,以及基于此理论之上的公路工程建设项目全过程造价管理的基本理论。第二章至第八章,将以公路工程建设项目实际案例的形式,进一步深入诠释公路工程建设项目全过程造价管理中每一阶段造价管理的具体内容和方法。

第一节　建设项目全过程造价管理

一、建设项目全过程造价管理的含义

建设项目全过程造价管理是工程项目管理的一个组成部分，是一种以建设项目造价为对象的项目管理工作，是对建设项目各项活动全过程成本进行管理控制的理论体系和方法；是对建设项目工程造价进行全要素、全风险、全团队等方面的集成管理和综合控制。

建设项目全过程造价管理要求建设项目从前期决策规划到项目竣工验收投入运营的全过程中涉及的项目相关利益主体都要承担项目工程造价的控制责任，体现建设项目全面造价管理模式中的全团队造价管理思想。

建设项目全过程造价管理更强调对于建设项目造价的科学确定和合理控制，而对建设项目造价进行科学确定和合理控制，必须落实在建设项目全过程造价管理的内容和程序当中。

二、建设项目全过程造价管理的内容和程序

建设项目全过程造价管理包含两项主要的工作内容：

（1）建设项目造价的确定过程。建设项目全过程造价管理中造价的确定是基于活动和过程的项目成本核算方法进行的，这种方法的核心指导思想是强调过程性和阶段性。任何项目成本或费用的形成都是由于消耗或占用一定的资源造成的，而任何这种资源的消耗和占用都是由于开展项目活动造成的。所以只有确定了项目的活动才能确定出项目所需消耗的资源，而只有确定了项目活动所消耗和占用的资源，才能科学地确定出工程建设项目的造价。

（2）建设项目造价的控制过程。建设项目全过程造价管理中的造价控制是基于活动和过程的项目成本进行控制管理的。这种方法的核心指导思想是，任何项目成本的节约都是由项目资源消耗和占用的减少带来的，而项目资源消耗和占用的减少只有通过减少项目、消除项目的无效或低效活动，并加强不确定性成本控制、项目变更总体控制、项目多要素变动的集成管理和项目活动方法的改进与完善进行的。

对于建设项目而言，先有项目造价的确定工作，然后以确定的工程造价为管理目标，开展建设项目造价控制工作。这些工作必须按照一定的程序，前后衔接，互相关联，依次进行，才能达到预期的目的。图1-1说明了建设项目全过程造价管理的内容和程序。

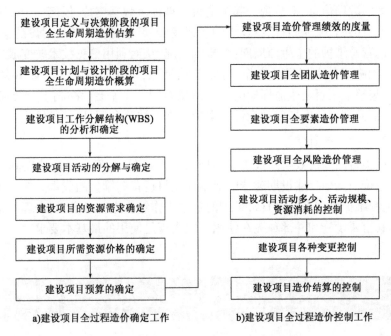

图1-1 建设项目全过程造价管理的内容和程序示意图

三、建设项目实施全过程造价管理涉及的相关知识

1. 运筹学

运筹学作为管理课程中的重要基础知识,对于工程管理中成本的控制和人员量化安排有着十分重要的作用,能够为工程的决策者提供最佳的解决处理方案,实现最高效的管理。在实际的工程管理中,需要综合考虑到工程材料的实际用料数量、工程成本的控制以及工程量优化等多方面的问题,需要管理人员能够做好统筹安排,在尽可能确保企业利益的前提下进行分析计算和决策处理。如今随着运筹学理论在工程管理中的运用,能够极大地改变过去传统工程管理中存在的管理方面的不足与漏洞,利用运筹学的思想,能够使得工程管理更加的科学合理并且符合建设项目成本控制原则。

2. 工程经济学

工程经济学原理体现在建设项目全过程造价管理的具体实施过程中,它是从系统分析和定量分析的角度,研究如何在一项工程活动中,综合运用工程技术和经济学原理,使投入工程项目的资金发挥最大的经济效益。

3. 信息技术科学

信息技术的发展为工程项目实现全过程科学高效的造价管理提供了技术支持。造价管理的周期较长,涉及内容十分复杂,各个环节以及相关人员之间息息相关。各个环节都需要统计庞大的数据信息,汇总到一起为造价管理提供数据支持,任何一个环节出现失误都可能造成严重的错误。随着信息技术的飞速发展,可以将整个项目建设的信息集成,从设计、施工、运营及维护的全生命周期,汇集到一起,从而利用信息技术转变成三维模拟图像,以此为基础协调各个部门的工作,可以节约资源,优化设计方案。如BIM技术的应用,就可以收集整个项目全生命周期的所有信息至同一个平台,多部门、多专业和多人同步参与,还可借助模型的模拟发现设计方案中存在的缺陷和不足,进行优化。

4. 运营及维护系统科学

工程建设项目的经济效益形成于工程项目建设过程中,但主要反映在其运营中。工程建设项目造价包括项目建设期建造的成本和项目运营期维护的成本。在工程造价管理中,要根据工程维护管理系统将日常维护的各项工作综合进行考虑,用合理的维护费用使工程主体及其附属设施和外部环境在使用年限内满足使用的最基本要求。

第二节 公路工程建设项目全过程造价管理

一、公路工程建设项目全过程造价管理的概念

公路工程建设项目全过程造价管理是以公路工程建设项目各参与方为实施主体,以公路工程建设全过程的成本为客体,在项目决策、建筑安装及运营使用的全过程中对公路工程建设项目造价进行全方位控制和管理的一项工作。

在公路工程建设项目的造价管理中,不同的相关利益主体(投资者、业主、承包商、用户、项目团队、政府监管部门等)对工程造价(或称工程成本)管理的关注点不同。对于项目投资主体(业主),工程项目造价管理的核心是降低和控制从项目决策阶段直至项目竣工所需的总投资费用;对于项目实施建筑安装主体(承包商),工程项目造价管理的核心是降低人工、材料、机械设备等资源的消耗,减少及消除无效或低效生产活动;对于项目运营管理者(养护管理单位),工程项目造价管理的核心是精于维修,降低养护费用;对于项目使用者,则更关心公路建设项目的建设和投资是否提供了足够安全和舒适的道路;对于政府监管部门,工程项目造价管理的核心是通过对建设项目的经济与技术分析,以及对项目净现值(Net Present Value—NPV)和项目内部收益率(Internal Rate of Return—IRR)等经济指标的分析,评估项目的社会效益和投资效益。

公路工程建设项目造价管理是直接提高项目管理效益的服务手段,影响着项目的质量和项目的利润,体现管理者追求项目效益和效率的宗旨。公路工程项目造价管理的过程也是实现项目价值并增值的过程,是通过各相关领域的协作,对工程建设项目的功能和成本进行系统分析,优化改进项目方案,以项目最低的寿命周期成本,可靠地实现工程项目的必要功能。公路工程建设项目造价管理的目的不仅仅在于控制项目投资不超过批准

的造价限额,更积极的意义在于合理使用人力、物力、财力,为保障公路工程建设项目的经济效益而对工程造价所进行的全方位、全过程的符合政策和客观规律的全部业务行为和组织活动进行科学而有效的管理。

二、公路工程建设项目全过程造价管理的特点

1. 一次性、独特性任务的管理

公路工程建设项目的用途是供汽车行驶,特点是地域位置跨度广,沿线占用土地面积大,受工程所在地的气候、地质、水文等自然客观条件影响大,构成公路整体的路基、路面、桥梁、涵洞及沿线设施等各有不同的形态和结构。不同的公路工程建设项目,其设计与施工方案是不同的,采取不同的工艺、设备和建筑材料,所消耗的物化劳动和活劳动也必定是不同的,而且不同地区的经济发展状况及经济发展政策也不同,所以工程造价管理的对象是单一的、独特的、一次性的建设项目,任何两个公路工程建设项目其管理的任务必是不同的。

2. 集成管理

公路工程建设项目投资规模大、建设周期长、技术复杂,受建设项目所在地经济发展状况及经济发展政策影响大,并要考虑投入使用后的经济效益等因素。所以公路工程建设项目造价管理在建设项目前期规划决策、设计方案和施工方案的比选优化、招投标、建筑安装工程施工、竣工验收、工程审计、运营管理及经济评价等各个实施阶段,要综合考虑社会经济发展和工程所在地区经济发展状况;遵守国家法律、法规、条例的行业标准规范要求;依据价值工程理论实现项目价值最大化。总之,在公路工程建设项目实施过程中融合社会经济各领域相关经济管理的要素,综合协调各管理环节,对建设项目实施的每一阶段、每一过程进行多要素综合集成化全过程造价管理是非常有必要的。图 1-2 表示公路工程建设项目造价管理与社会经济各领域的相互作用关系。

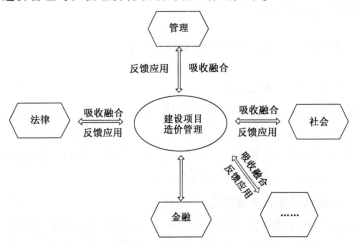

图 1-2 公路工程建设项目造价管理与社会经济各领域的相互作用示意图

3. 动态管理

公路工程建设项目受自然环境、社会经济及社会意识形态的影响很大，且在其建设过程中存在与社会其他行业交叉建设管理，涉及因素复杂，其组织环境和经营环境的不确定性因素较多。而且由于每个建设项目任务的不可复制性和实施环境的相对不确定性，所以建设项目的组织是相对变化的，并具有临时性的特点，项目组织的形式多数是团队型的，项目的管理模式主要是以基于过程和团队合作式的管理为主。建设项目造价管理，按照项目建议书、可行性研究、工程设计、工程施工、竣工交付、使用运营的过程以及其中的各项活动，不断调整项目的各项成本考核指标，实施动态监控，适时管理。图1-3表示公路工程造价动态管理过程。

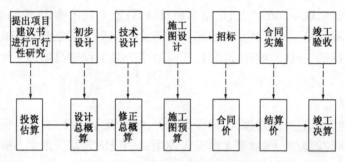

图1-3 公路工程造价动态管理过程

4. 风险管理

由于公路工程建设项目的复杂性和独特性，项目建设环境的开放性和相对变动较大的耗用资源市场化价格信息，使建设项目造价不确定性因素增多。而且在项目建设中受人力、财力、物力、时间、技术、信息等各方面资源的制约，也会增加项目建设的风险性。公路工程建设项目造价管理工作中必须加强对全过程风险的识别和度量，设计预防和应对风险的对策，积极有效控制风险。

三、公路工程建设项目造价管理的影响因素

1. 建设项目管理学科的飞速发展

建设项目管理的理论和方法是管理学领域中近二十年来发展和进步最快的专业领域。项目造价管理是建设项目管理的核心内容之一，造价管理的理论、方法和管理模式，必须适应建设项目管理的理论及方法。因此，建设项目管理学科的发展也推动公路工程项目造价管理的理论、方法及管理模式不断发展。

2. 信息技术和知识经济的飞速发展

建设项目造价管理的理论和方法受信息产业发展的推动和影响，项目造价工程计量、工程造价的确定、工程价款的支付、工程审计与工程财务后评价已发展为集成化管理和计

算机辅助管理。随着信息产业和社会知识结构的进一步改变和发展，工程项目造价管理的方法和手段将不断进步和完善，其为社会创造财富和利润的手段从注重"增产节约"转变为"变革和创新"。

3. 公路工程项目总体实施规划与要求

工程项目的建设规模是决定项目工程造价的最主要因素。公路工程项目建设规模要根据国家的产业政策、国民经济和地区经济的发展规划，综合运输体系及国家和地区路网状况等公路工程项目的总体实施规划与要求而确定。

4. 公路工程项目设计方案的优化

公路工程建设项目设计方案是建设项目全面规划和实施意图的具体体现，设计方案是处理经济与技术关系的重要环节，设计方案的合理和可靠会大大减少工程变更，避免由于工程变更设计量大而导致的"边施工边设计边确定造价"的现象。设计方案的优劣对公路工程项目造价管理有至关重要的影响。

5. 公路工程项目施工管理和施工组织

公路工程建设项目施工阶段所涉及的影响工程造价管理的因素较多，包括施工前期的项目招投标，施工过程中的合同管理、索赔管理、计量管理、变更管理和结算管理等。建立科学有效的管理程序，细致分析项目施工管理中影响造价管理的主体因素、个体因素、环境因素、制度因素等，是控制工程造价的关键环节。

四、公路工程建设项目全过程造价管理的内容

1. 公路工程建设项目造价管理的规划

公路工程建设项目造价管理规划是指在建设项目前期决策及进行建筑安装工程施工前对投资管理体制、融资、合同及施工组织设计、工程财务、工程经济和经济法律法规等进行全方位的管理规划，这不仅是科学有效管理工程造价的前提，也是保障公路工程项目施工质量和经济利益的重要手段和方法。

2. 公路工程建设项目造价管理的组织

公路工程建设项目造价管理涉及多个不同相关主体的利益，因而造价管理工作中必须建立健全专业管理组织形式和组织机构，保证工程造价管理工作目标的一致性，使得管理工作系统化、团队化，更好地协调不同参与方的利益。明确管理组织形式和组织机构，对造价管理工作的效率和质量是至关重要的。

3. 公路工程建设项目造价确定

公路工程建设项目造价的确定不仅需要通过工程定额测算工程成本，更需要明确工程造价计价范围，包括明确项目范围的规划、界定、确认、变更与项目范围的全面管理和控制。

4. 公路工程建设项目造价控制

公路工程建设项目造价控制以基于项目建设过程和团队合作式的管理为主,优化任务配置管理、对项目变更进行总体控制、合理配置各种资源,加强物力和劳务资源管理,实现节约和更好地利用各种资源;对项目组织和项目所需人力资源进行科学的确定和有效的管理,包括组织规划、人员配备、团队建设、管理团队有效沟通、信息的传送、项目报告和会议管理等方面;以及对工程造价风险的管理控制。

5. 公路工程建设项目审计

通过对公路工程建设项目进行审计,规范工程建设成本控制和财务管理工作,及时纠正项目建设中存在的问题,节约建设资金,提高建设资金的使用效益,监督检查建设资金使用的合理性、合法性和合规性。

6. 公路工程建设项目财务后评价

财务后评价,即从企业或项目法人的角度出发,按照国家现行财政、经济、金融、财务制度的规定,对竣工交付使用的工程项目,进行运营后的投资、费用、收益、盈利能力、偿贷能力和外汇平衡能力等方面的全面评价,正确评价建设资金使用效益,及时总结经验,促进和加强建设项目造价管理工作,提高造价管理水平,健全工程造价管理工作规章制度,规避建设资金风险。

7. 公路工程建设项目造价资料的整理

公路工程项目造价管理要明确各管理阶段中需要交付的造价资料,包括计划任务书、设计图纸、估算、概算及预算编制资料、招投标文件、施工合同以及竣工决算等。这些资料的整理和积累,是后续建设项目决策参考的主要依据。

第三节　公路工程建设项目全过程造价管理的方法

一、公路工程建设各阶段造价管理的内容

1. 决策阶段

公路工程建设项目投资决策对控制工程造价至关重要。在投资决策阶段,首先要对项目提案进行必要的机遇与需求分析和识别,然后提出项目建议书,在项目建议书获得批准后进行建设项目可行性分析,找出建设项目的各种可行的备选方案,分析和评价各备选方案的收益和风险情况,对项目进行多方案技术经济分析,编制项目投资估算,确定投资估算额,从而为项目决策提供依据。

2. 设计阶段

公路工程建设项目设计阶段的主要任务是按照可行性研究报告和投资估算有针对性地进行初步设计,贯彻限额设计和价值工程理论的思想,对多个设计方案进行分析比选,并优化设计方案。编制公路工程建设项目概预算。在编制概预算前首先要对建设项目进行实地勘察以及相关资料的收集,对收集到的资料进行整合,做好准备工作。其次根据前期的收集准备进行不同专业的分部分项工程量清单的编制。

3. 招投标阶段

在公路工程招投标阶段需要对资金的投入进行合理的预测,重点在于编制招投标文件。招投标文件的前期准备工作非常重要,需要做到实时、准确地掌控各项支出以及各种风险因素可能需要的支出。招标阶段的造价控制主要体现在业主方对于施工招标的熟悉程度,以及建立自己的相应流程和签订对应的约束条款,使得在整个签约过程中的所有环节都能够在控制下完成。签订的合同文件具有法律效应,因而可以通过业主方和投标方约定的合同细则,最大限度地避免因招标文件编制不够详尽而导致的纠纷事件,最大概率地降低索赔事件的发生,从而控制工程造价。

4. 实施阶段

在公路工程项目施工阶段,施工单位应该严格按照制订的施工计划进行施工,并且制订科学合理的施工组织方案,在保障施工质量的前提下,加强工程造价控制管理。如果发生了项目的变更,施工方工作人员应有能力对变更的工程量进行精确计算,同时按照原施工组织计划加强对其余工程量的监管,控制工程造价。

5. 交付使用阶段

(1)在公路工程项目竣工验收阶段,应该尽快核算工程造价,加强对工程项目的审核,严格依照公路工程项目施工标准以及设计图纸开展审核,加强施工各阶段各项目的费用审核,减少误差。

(2)公路工程建设项目全过程审计是依据国家有关法律、法规和相关规定,运用现代审计理论和方法,对公路工程建设项目从立项到竣工决算全过程管理和技术经济活动的真实性、合法性和效益性进行连续、全面、系统的审计监督和评价工作。建设项目审计以项目投资活动为主线,审计内容包括公路工程建设项目总预算或概算的执行情况、年度预算的执行情况和年度决算、单项工程结算、项目竣工决算,也包括工程造价、工程质量、工程进度、工程招投标、项目投资效益等。

(3)公路工程建设项目建成投入使用,即进入项目运营期,也就是项目发挥作用,服务于社会的时期。这一阶段涉及的造价管理工作包括如何利用有限的养护资金,制订维修养护方案,将公路日常养护的各项工作综合进行考虑,按照系统的观点用合理的养护费用使公路、桥梁及附属设施和外部环境在使用年限内满足行车的最基本要求。同时根据项目运营后的财务状况,计算项目财务评价指标,检查和验证项目可行性研究报告中所作出的预测和判断是否正确,项目成功的经验有哪些,失败的教训有哪些,同时整理出总结、评价的资料。

图 1-4 表示公路工程建设项目全生命周期各阶段工作内容。

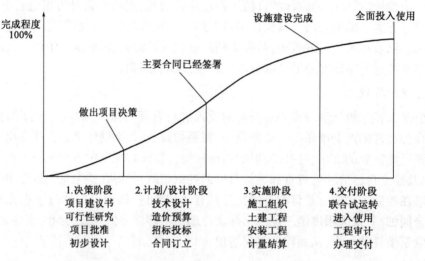

图 1-4　公路工程建设项目全生命周期阶段示意图

二、公路工程全过程造价管理中的经济分析方法

1. 动态分析与静态分析相结合，以动态分析为主

在公路工程建设项目工程造价管理中，对投入的资金和运营获得的收益都需进行动态的价值判断，即考虑时间因素，将项目建设和运营不同时间段的资金折算成同一时点的价值，为不同项目或方案的比较提供同等的基础。在造价管理中进行经济分析需考虑资金时间价值、资金周转、资金回收等。

2. 定量分析与定性分析相结合，以定量分析为主

公路工程建设项目全过程造价管理涉及因素多，包含内容广，在造价的确定和控制中，要按照"定量分析与定性分析相结合，以定量分析为主"的原则，其中对施工工艺技术方案、工程方案、环境方案优劣的评价以及设计方案的评分选择中，尤其要注意这一原则。

3. 全过程效益分析与阶段效益分析相结合，以全过程效益分析为主

公路工程建设项目工程造价经济分析是对项目的整个计算期内，包括建设阶段和运营阶段全过程的经济效益分析和评价。在进行项目经济评价时不能仅偏重于建设项目投资多少、工期长短、造价高低，而不重视运营期的经济效益分析，应把着眼点和归宿点放在全过程的经济效益分析上。

4. 宏观效益分析与微观效益分析相结合，以宏观效益分析为主

对公路工程建设项目进行经济分析，不仅要看项目本身获利多少，而且还要考察项目

建设和运营的社会经济效益。建设项目评价包括财务评价与国民经济评价两个方面,当两个方面的评价结论发生矛盾时,通常以国民经济评价的结论为主考虑项目或方案的取舍。

5. 预测分析与统计分析相结合,以预测分析为主

在公路工程项目造价管理中既要以现有状况水平为基础,又要做有根据的预测,并且在进行国民经济评价时需对项目投资的不确定性因素作出估计,包括敏感性分析和风险分析。

在本节以后章节的内容中,通过公路工程项目造价管理相关案例,进一步介绍公路工程项目全过程造价管理的内容和方法。

第二章
公路工程建设项目投资估算与经济评价

[学习目标]

通过本章的学习,掌握在公路工程项目投资决策中投资费用的组成,投资估算的编制方法和投资估算指标的使用要点;掌握在项目可行性研究分析中如何对项目进行财务评价,包括财务评价的主要内容、财务评价指标的计算、财务评价中基本报表的编制;了解建设项目投资不确定性分析的方法。

案例 1

背景材料

某高等级公路开发公司拟建一条 50km 的二级公路,已知某已建类似二级公路(长度 20km)建筑安装工程费为 7500 万元。拟建项目土地使用及拆迁补偿费 700 万元,工程建设其他费 400 万元。

建设资金来源为自有资金和贷款,贷款本金为 5000 万元,分年度按投资比例发放,贷款年利率为 12%,按月计息。建设期 3 年,第一年投入 20%,第二年投入 50%,第三年投入 30%。

预计建设期物价年平均上涨率为 4%,投资估算到项目开工的时间按 1 年考虑,基本预备费率为 6%。

固定资产投资流动资金率为6%。

问题

1. 列式计算该项目的建筑安装工程费。
2. 估算该项目的固定资产投资额。
3. 计算该项目的流动资金,并估算该项目的总投资额。

要点分析

本案例可以运用已建类似项目单位长度指标估算该项目的建筑安装工程费;再估算基本预备费、涨价预备费、建设期贷款利息,用扩大指标法估算流动资金额,最后估算项目的总投资额。

本案例中应用到的主要公式如下:

1. 预备费

基本预备费 = (建筑安装工程费 + 土地使用及拆迁补偿费 + 工程建设其他费) × 费率 (2-1)

$$价差预备费 = P \times [(1+i)^{n-1} - 1] \quad (2-2)$$

式中:P——建筑安装工程费总额;

i——年工程造价增涨率(%);

n——设计文件编制年至建设项目开工年 + 建设项目建设期限(年)。

2. 建设期贷款利息

$$q_j = (P_{j-1} + A_j \div 2) \times i \quad (2-3)$$

式中:q_j——建设期第j年应计利息;

P_{j-1}——建设期第$(j-1)$年末累计贷款本金和利息之和;

A_j——建设期第j年贷款金额;

i——贷款利率(实际利率)。

在计算贷款利息前,应将名义利率转换为实际利率。当计息周期为一年时,名义利率和实际利率相等,计息周期短于一年时,实际利率大于名义利率。名义利率不能完全反映资金时间价值,实际利率才能真实地反映资金的时间价值。

实际利率 = $(1 + 名义利率/年计息次数)^{年计息次数} - 1$ (2-4)

3. 项目总投资额

项目总投资额 = 固定资产投资 + 流动资产投资 (2-5)

固定资产投资额 = 建筑安装工程费 + 土地使用及拆迁补偿费 +
工程建设其他费 + 预备费 + 建设期贷款利息 (2-6)

参考答案

问题 1：
该项目建筑安装工程费 = 7500 × (50 ÷ 20) = 18750.00(万元)

问题 2：
(1) 预备费计算
基本预备费 = (18750 + 700 + 400) × 6% = 1191.00(万元)
价差预备费 = 18750 × [$(1 + 4\%)^{4-1} - 1$] = 2341.20(万元)
(2) 建设期贷款利息计算
贷款实际利率 = $(1 + 12\% ÷ 12)^{12} - 1$ = 12.68%
第 1 年贷款金额 = 5000 × 20% = 1000.00(万元)
第 2 年贷款金额 = 5000 × 50% = 2500.00(万元)
第 3 年贷款金额 = 5000 × 30% = 1500.00(万元)
第 1 年贷款利息 = (1000 ÷ 2) × 12.68% = 63.40(万元)
第 2 年贷款利息 = (1000 + 63.40 + 2500 ÷ 2) × 12.68% = 293.34(万元)
第 3 年贷款利息 = (1000 + 63.40 + 2500 + 293.34 + 1500 ÷ 2) × 12.68% = 498.55(万元)
建设期贷款利息合计 = 63.40 + 293.34 + 498.55 = 855.29(万元)
(3) 固定资产投资额 = 18750.00 + 700 + 400 + 1191.11 + 2341.20 + 855.29 = 24237.60(万元)

问题 3：
该项目流动资金 = 24237.60 × 6% = 1454.26(万元)
由此得，拟建项目投资总额 = 24237.60 + 1454.26 = 25691.86(万元)

案例 2

背景材料

某平原微丘区二级公路，路线长 49km。路基工程数量为：挖方 59800m³，全部废弃，平均运距 2km；填方 473000m³，平均运距 3km。路面工程数量为：4cm 中粒式沥青混凝土 521000m²，30cm 水泥稳定砂基层 561000m²，15cm 级配砂垫层 623000m²。桥涵工程数量为：1-φ1.5m 圆管涵 1030m/60 道，1-2m 盖板涵 850m/50 道。交叉工程数量：与三级公路平面交叉 5 处。

问题

根据上述资料列出本项目工程估算所涉及的工程细目名称、指标代号、单位、指标工程数量、指标调整说明等相关内容,编写工程项目估算表。

要点分析

本案例所考核的主要内容根据《公路工程估算指标》(JTG/T 3821—2018)和《公路工程建设项目投资估算编制办法》(JTG/T 3820—2018)编制路基工程、路面工程、桥涵工程、交叉工程、交通工程项目估算的具体应用。

根据《公路工程估算指标》第二章的说明,稳定土基层压实厚度超过20cm以上进行分层拌和、碾压时,拖拉机、平地机和压路机的台班消耗量按定额数量加倍计算,每1000m^2增加1.5个工日。

根据《公路工程估算指标》第四章工程量计算规则,1道涵洞按2个洞口计算。

根据现行《公路工程建设项目投资估算编制办法》《公路工程估算指标》编制项目估算时,还应注意一般所给资料中有无安全设施、其他排水工程数量,编制估算时,应根据公路等级等资料套用指标计算。

参考答案

该项目工程估算表见表2-1。

工程项目估算表　　　　　　　　表2-1

	工程细目	指标代号	单位	数量	指标调整或系数
路基工程	平原微丘区挖土方	1-1-1	1000m^3	59.8	
	30t以内自卸汽车运土第1个1km	1-4-5	1000m^3	59.8	
	30t以内自卸汽车运土每增运0.5km	1-4-6	1000m^3	59.8	系数2
	借土方挖、装	1-3-1	1000m^3	473	
	30t以内自卸汽车运土第1个1km	1-4-5	1000m^3	473	
	30t以内自卸汽车运土每增运0.5km	1-4-6	1000m^3	473	系数4
	二级公路填方	1-2-2	1000m^3	473	
	二级公路其他排水工程	1-8-5	1km	49	
路面工程	中粒式石油沥青	2-5-20	1000m^3	20.84	
	水泥砂砾基层压实厚度20cm	2-2-5	1000m^2	561	人工每1000m^2增加1.5个工日。压路机、摊铺机消耗量加倍
	水泥砂砾基层每增加1cm	2-2-6	1000m^2	561	系数10
	路面垫层压实厚度15cm	2-1-1	1000m^2	623	

续上表

工程细目		指标代号	单 位	数 量	指标调整或系数
桥涵工程	钢筋混凝土圆管涵涵身	4-2-3	10延米	103	
	钢筋混凝土圆管涵洞口	4-2-4	1道	120	1道涵洞按2个洞口
	跨径2m以内盖板涵涵身	4-1-3	10延米	85	
	跨径2m以内盖板涵洞口	4-1-4	1道	100	1道涵洞按2个洞口
交叉工程	被交道等级三级	5-4-3	1处	5	
安全设施	二级平原微丘区	6-1-8	1公路公里	49	

案例3

背景材料

某山岭地区高速公路分离式两车道隧道,隧道长1600m,V级围岩(其中明洞长68m,面积700m^2),洞身面积31300m^2。

根据隧道长度,应考虑隧道监控、通风、消防、照明等工程。

问题

1.列出隧道工程估算的指标代号、单位、指标工程数量、指标调整说明等相关内容,并编写工程项目估算表。

2.计算隧道工程设备费用。

要点分析

本案例所考核的内容主要是《公路工程估算指标》(JTG/T 3821—2018)和《公路工程建设项目投资估算编制办法》(JTG/T 3820—2018)中隧道工程的应用。

根据《公路工程估算指标》第三章的说明,高速公路、一级公路一座隧道的工程量按两端洞门计算;当设计能提出隧道的围岩等级时,V级围岩的洞身指标乘以系数1.35。

根据《公路工程估算指标》第七章计算隧道工程机电设施建安费。参照《公路工程估算指标》附录一计算隧道机电工程设备费用。

参考答案

问题 1：

具体估算表见表 2-2。

工程项目估算表　　　　　　　　　　表 2-2

工程细目		指标代号	单位	数量	指标调整或系数
隧道工程	明洞分离式两车道	3-2-1	100m²	7	
	洞门两车道分离式	3-3-1	每端洞门	2	
	高速、一级公路分离式隧道长度 3000m 以内两车道（V级围岩）	3-1-4	100m²	313	系数1.35
	监控系统	6-5-1	1km	1.6	
	通风系统隧道长度 5000m 以下	6-5-2	1km	1.6	
	消防系统	6-5-4	1km	1.6	
	供配电及照明	6-5-5	1km	1.6	
	预留预埋件	6-5-6	1km	1.6	

问题 2：

隧道监控费用 = 1.6 × 1819369 = 2910990（元）

隧道通风费用 = 1.6 × 1625384 = 2600614（元）

隧道消防费用 = 1.6 × 281722 = 450755（元）

隧道供配电及照明费用 = 1.6 × 2441966 = 3907146（元）

本项目隧道工程设备费用 = 2910990 + 2600614 + 450755 + 3907146 = 9869505（元）

案例 4

背景材料

某建设项目固定资产投资 8000 万元，预计生产运营期间定员 80 人，每人每年工资和福利费 70000 元，每年其他费用 320 万元（其中其他制造费用 280 万元）；年外购原材料、燃料动力费 4100 万元；年经营成本为 4300 万元，年销售收入 10000 万元，年修理费为 380 万元，年预付账款 180 万元，年预收账款 120 万元。各流动资产与流动负债的最低周转天数分别为:应收账款 30 天,现金 40 天,应付账款 30 天,存货 40 天,预付账款 30 天,预收账款 30 天。

问题

用分项详细估算法估算建设项目的流动资金。

要点分析

流动资金估算一般采用分项详细估算法和扩大指标估算法。可行性研究阶段的流动资金估算应采用分项详细估算法。扩大指标估算法简便易行,但准确度不高,一般适用于项目建议书阶段的流动资金估算。

本案例所考核的内容是采用分项详细估算法估算流动资金。分项详细估算法估算建设项目的流动资金的计算公式为:

$$流动资金 = 流动资产 - 流动负债 \tag{2-7}$$

$$流动资产 = 应收账款 + 预付账款 + 存货 + 现金 \tag{2-8}$$

$$流动负债 = 应付账款 + 预收账款 \tag{2-9}$$

上式中:

$$应收账款 = 年销售收入 \div 应收账款周转次数 \tag{2-10}$$

$$预付账款 = 年预付账款 \div 预付账款年周转次数 \tag{2-11}$$

$$存货 = 外购原材料、燃料 + 其他材料 + 在产品 + 产成品 \tag{2-12}$$

$$现金 = (年工资及福利费 + 年其他费用) \div 现金年周转次数 \tag{2-13}$$

$$外购原材料、燃料 = 年外购原材料、燃料动力费用 \div 分项年周转次数 \tag{2-14}$$

$$在产品 = (年外购原材料、燃料动力费用 + 年工资及福利费 + 年修理费用 + 年其他制造费用) \div 在产品年周转次数 \tag{2-15}$$

$$产成品 = (年经营成本 - 年其他营业费用) \div 产成品年周转次数 \tag{2-16}$$

$$应付账款 = 外购原材料、燃料动力费及其他材料年费用/应付账款年周转次数 \tag{2-17}$$

$$预收账款 = 年预收账款 \div 预收账款年周转次数 \tag{2-18}$$

$$周转次数 = 360/流动资金最低周转天数 \tag{2-19}$$

参考答案

(1)计算流动资产

根据式(2-8),流动资产 = 应收账款 + 预付账款 + 存货 + 现金

应收账款 = 10000 ÷ (360 ÷ 30) = 833.33(万元)

预付账款 = 180 ÷ (360 ÷ 30) = 15.00(万元)

存货 = 外购原材料、燃料 + 其他材料 + 在产品 + 产成品

外购原材料、燃料 = 4100 ÷ (360 ÷ 40) = 455.56(万元)

在产品 = $(4100 + 7 \times 80 + 380 + 280) \div (360 \div 40) = 591.11$(万元)

产成品 = $4300 \div (360 \div 40) = 477.78$(万元)

存货 = $455.56 + 591.11 + 477.78 = 1524.45$(万元)

现金 = $(7 \times 80 + 320) \div (360 \div 40) = 97.78$(万元)

则:流动资产 = $833.33 + 15.00 + 1524.45 + 97.78 = 2470.56$(万元)

(2)计算流动负债

根据式(2-9),流动负债 = 应付账款 + 预收账款

应付账款 = $4100 \div (360 \div 30) = 341.67$(万元)

预收账款 = $120 \div (360 \div 30) = 10.00$(万元)

则:流动负债 = $341.67 + 10.00 = 351.67$(万元)

(3)计算流动资金

流动资金 = 流动资产 − 流动负债 = $2470.56 - 351.67 = 2118.89$(万元)

案例 5

背景材料

某企业拟投资建设一条公路收费项目。假设该项目建设期1年,运营期6年。项目建成第一年可获得当地政府补贴收入100万元。项目建设的其他基本数据如下:

(1)项目建设投资估算1000万元,预计全部形成固定资产(包含可抵扣固定资产进项税额100万元),固定资产使用年限10年,按直线法折旧,期末净残值率4%,固定资产余值在项目运营期末收回。建成当年需要投入运营期流动资金200万元。

(2)正常年份年营业收入为702万元(其中销项税额为102万元),经营成本为380万元(其中进项税额为50万元);税金附加按应纳增值税的10%计算,所得税税率为25%;行业所得税后基准收益率为10%,基准投资回收期为6年,投资者期望的最低可接受所得税后收益率为15%。

(3)建成第一年仅达到设计运营能力的80%,预计这一年的营业收入及其所含销项税额、经营成本及其所含进项税额均为正常年份的80%;以后各年均达到设计运营能力。

(4)运营第4年,需要花费50万元(无可抵扣进项税额)更新新型自动控制收费设备,维持以后的正常运营需要,该维持运营投资按当期费用计入年度总成本。

问题

1.编制拟建项目投资现金流量表。
2.计算项目的静态投资回收期、财务净现值和财务内部收益率。

3. 评价项目的财务可行性。

4. 若该项目的初步融资方案为:贷款400万元用于建设投资,贷款年利率为10%(按年计息),还款方式为运营期前3年等额还本利息照付。剩余建设投资及流动资金来源于项目资本金。试编制拟建项目的资本金现金流量表,并根据该表计算项目的资本金财务内部收益率,评价项目资本金的盈利能力和该初步融资方案下的财务可行性。

要点分析

建设项目财务分析分为融资前分析和融资后分析,一般宜先进行融资前分析,在融资前分析结论满足要求的情况下,初步设定融资方案,再进行融资后分析。

本案例较为全面的考核了建设项目融资前财务分析的相关知识,要求编制投资现金流量表,计算项目财务净现值、投资内部收益率和静态投资回收期指标,并评价项目的财务可行性。基于对比的需要,进一步考核了融资后财务分析的相关知识,要求编制项目的资本金现金流量表,计算项目的资本金内部收益率。

本案例涉及的概念性知识点:

增值税应纳税额 = 当期销项税额 − 当期进项税额 − 可抵扣固定资产进项税额 (2-20)

固定资产折旧 = (固定资产原值 − 可抵扣固定资产进项税额 − 残值) ÷ 折旧年限
(2-21)

固定资产余值 = (使用年限 − 运营期) × 年折旧费 + 残值 (2-22)

调整所得税 = 息税前利润 × 所得税率 (2-23)

息税前利润 = 营业收入(不含销项税) − 经营成本(不含进项税) − 折旧费 −
摊销费 − 增值税附加 + 补贴收入 (2-24)

(1)财务净现值指把项目计算期内各年的财务净现金流量,按照基准收益率折现到建设期初的现值之和。各年的财务净现金流量均为当年各种现金流入和现金流出在年末的差值合计。不管当年各种现金流入和流出发生在期末、期中还是期初,当年的财务净现金流量均按期末发生来考虑。

(2)等额还本、利息照付是常用的还款方式之一。等额还本、利息照付是在每年等额还本的同时,支付逐年相应减少的利息。

计算公式如下:

$$A_t = \frac{I_c}{n + I_c \times \left(1 - \frac{t-1}{n}\right) \times i}$$ (2-25)

式中: A_t——第 t 年还本付息额;

I_c/n——每年偿还本金额;

$I_c \times [1-(t-1)/n] \times i$——第 t 年支付利息额。

需要注意的是,公式中的 I_c 并不仅仅只是项目建设期贷款额,还应当包括建设期贷款利息累计,即建设期末的贷款本息累计额。

(3)利用静态投资回收期和动态投资回收期判断项目是否可行的不同。当静态投资回收期小于或等于基准投资回收期时,项目可行;只要动态投资回收期不大于项目生命期,项目就可行。

(4)项目投资财务内部收益率反映了项目占用的尚未回收资金的获利能力,它取决于项目内部,反映项目自身的盈利能力,是考核项目盈利能力的主要动态指标。在财务评价中,将求出的项目投资财务内部收益($FIRR$)与行业基准收益率i_c比较。当$FIRR \geqslant i_c$时,可认为项目盈利能力已满足要求,在财务上可行。

(5)项目资本金财务内部收益率反映了项目资本金的获利水平,其表达式和计算方法同项目投资财务内部收益率。项目资本金财务内部收益率的基准参数应体现项目发起人对投资获利的最低期望值(最低可接受收益率)。当项目资本金财务内部收益率大于或等于该最低可接受收益率时,说明在该融资方案下,项目资本金获利水平超过或者达到了要求,该融资方案是可以接受的。

参考答案

问题1:
编制拟建项目投资现金流量表。
编制现金流量表之前需要计算以下数据,并将结果填入表2-3中。
(1)计算固定资产折旧费(融资前,固定资产原值不含建设期贷款利息)
固定资产折旧费 = $(1000 - 100) \times (1 - 4\%) \div 10 = 86.40$(万元)
(2)计算固定资产余值
固定资产余值 = $(10 - 6) \times 86.4 + (1000 - 100) \times 4\% = 381.60$(万元)
(3)计算应纳增值税
增值税应纳税额 = 当期销项税额 − 当期进项税额 − 可抵扣固定资产进项税额
计算各年应纳增值税金额:
第2年(运营期第1年)应纳增值税 = $102 \times 0.8 - 50 \times 0.8 - 100 = -58.4$(万元) < 0,故第2年应纳增值税额为0;

第3年应纳增值税 = $102 - 50 - 58.4 = -6.4$(万元) < 0,故第3年应纳增值税额为0;

第4年应纳增值税 = $102 - 50 - 6.4 = 45.60$(万元);

第5~7年应纳增值税 = $102 - 50 = 52$(万元)。
(4)计算调整所得税
调整所得税 = [营业收入(不含销项税) − 经营成本(不含进项税) − 折旧费 − 维持运营投资 + 补贴收入 − 增值税附加] × 25%
计算各年调整所得税:
第2年调整所得税 = $[(702 - 102) \times 80\% - (380 - 50) \times 80\% - 86.4 - 0 + 100 - 0] \times 25\%$
　　　　　　　　= 57.40(万元)

第 3 年调整所得税 $= (600 - 330 - 86.4 - 0 + 0 - 0) \times 25\% = 45.90(万元)$

第 4 年调整所得税 $= (600 - 330 - 86.4 - 0 + 0 - 45.6 \times 10\%) \times 25\% = 44.76(万元)$

第 5 年调整所得税 $= (600 - 330 - 86.4 - 50 + 0 - 52 \times 10\%) \times 25\% = 32.10(万元)$

第 6~7 年调整所得税 $= (600 - 330 - 86.4 - 0 + 0 - 52 \times 10\%) \times 25\% = 44.60(万元)$

项目投资现金流量表(单位:万元)　　　　　表 2-3

序号	项　目	建设期	运　营　期					
		1	2	3	4	5	6	7
1	现金流入	0.00	661.60	702.00	702.00	702.00	702.00	1283.60
1.1	营业收入(不含销项税额)		480.00	600.00	600.00	600.00	600.00	600.00
1.2	销项税额		81.60	102.00	102.00	102.00	102.00	102.00
1.3	补贴收入		100.00					
1.4	回收固定资产余值							381.60
1.5	回收流动资金							200.00
2	现金流出	1000.00	561.40	425.90	474.92	519.30	481.32	481.32
2.1	建设投资	1000.00						
2.2	流动资金投资		200.00					
2.3	经营成本(不含进项税额)		264.00	330.00	330.00	330.00	330.00	330.00
2.4	进项税额		40.00	50.00	50.00	50.00	50.00	50.00
2.5	应纳增值税		0.00	0.00	45.60	52.00	52.00	52.00
2.6	增值税附加				4.56	5.20	5.20	5.20
2.7	维持运营投资					50.00		
2.8	调整所得税		57.40	45.90	44.76	32.10	44.60	44.60
3	所得税后净现金流量	-1000.00	100.20	276.10	227.08	182.70	220.20	801.80
4	累计税后净现金流量	-1000.00	-899.80	-623.70	-396.62	-213.92	6.28	808.08
5	基准收益率(10%)	0.9091	0.8264	0.7513	0.6830	0.6209	0.5645	0.5132
6	折现后净现金流量	-909.10	82.81	207.43	155.10	113.44	124.30	411.48
7	累计折现后净现金流量	-909.10	-826.29	-618.86	-463.77	-350.33	-226.02	185.46

问题 2:

(1)计算项目的静态投资回收期

静态投资回收期 =(累计净现金流量出现正值得年份 -1)+

$$\frac{上一年累计净现金流量的绝对值}{出现正值年份的现金流量} = (6-1) + \frac{213.92}{220.20} = 5.97(年)$$

(2)计算项目财务净现值

项目财务净现值是把项目计算期内各年的净现金流量,按照基准收益率折算到建设期初的现值之和,也就是建设期末累计折现后净现金流量 185.46 万元,见表 2-3。

(3) 计算项目的财务内部收益率

首先设定 $i_1=15\%$，以 i_1 作为设定的折现率，计算出各年的折现系数。利用财务内部收益率试算表，计算出各年的折现现金流量和累计折现净现金流量，从而得到的财务净现值 $FNPV_1=4.97(万元)$。

再设定 $i_2=17\%$，以 i_2 作为设定的折现率，计算出各年的折现系数。同样利用财务内部收益率试算表，计算出各年的折现现金流量和累计折现净现金流量，从而得到的财务净现值 $FNPV_2=-51.59(万元)$。

编制项目财务内部收益率试算表，见表2-4。

项目财务内部收益率试算表（单位：万元） 表2-4

序号	项目	建设期	运营期					
		1	2	3	4	5	6	7
1	现金流入	0.00	661.60	702.00	702.00	702.00	702.00	1283.60
2	现金流出	1000.00	561.40	425.90	474.92	519.30	481.32	481.32
3	净现金流量	-1000.00	100.20	276.10	227.08	182.70	220.20	801.80
4	折现系数 $i=15\%$	0.8696	0.7561	0.6575	0.5718	0.4972	0.4323	0.3759
5	折现后现金流量	-869.60	75.76	181.54	129.84	90.84	95.19	301.40
6	累计折现净现金流量	-869.60	-793.84	-612.30	-482.46	-391.62	-296.43	4.97
7	折现系数 $i=17\%$	0.8547	0.7305	0.6244	0.5337	0.4561	0.3898	0.3332
8	折现后现金流量	-854.70	73.20	172.40	121.19	83.33	85.83	267.16
9	累计折现净现金流量	-854.70	-781.50	-609.11	-487.91	-404.58	-318.75	-51.59

通过以上试算，$FNPV_1>0$，$FNPV_2<0$，且满足精度要求，采用内插法计算出拟建项目的财务内部收益率 FIRR，即：

$$FIRR = i_1 + (i_2 - i_1) \times \frac{FNPV_1}{|FNPV_1|+|FNPV_2|}$$

$$= 15\% + (17\% - 15\%) \times \frac{4.97}{4.97 + 51.59} = 15.18\%$$

问题3：

评价项目的财务可行性。本项目的静态投资回收期为5.97年，小于基准投资回收期6年；累计财务净现值为185.46万元>0；财务内部收益率 FIRR 为15.18%>行业基准收益率10%。所以，从财务角度分析，该项目可行。

问题4：

(1) 编制拟建项目资本金现金流量表

编制资本金现金流量表之前需要计算以下数据，并将计算结果填入表2-5中。

①项目建设期贷款利息计算

项目建设期贷款利息 = $400 \times 0.5 \times 10\% = 20.00(万元)$

②固定资产年折旧费与固定资产余值

固定资产年折旧费 = (1000 - 100 + 20) × (1 - 4%) ÷ 10 = 88.32(万元)

固定资产余值 = (10 - 6) × 88.32 + (1000 - 100 + 20) × 4% = 390.08(万元)

③各年应偿还的本金和利息

项目第2年初累计借款为420万元,运营期前3年等额还本、利息照付。则：

运营期第2~4年等额偿还本金 = 420 ÷ 3 = 140.00(万元)。

运营期第2~4年应偿还利息：

第2年应偿还利息 = 420 × 10% = 42.00(万元)；

第3年应偿还利息 = (420 - 140) × 10% = 28.00(万元)；

第4年应偿还利息 = (420 - 140 - 140) × 10% = 14.00(万元)。

④计算所得税

所得税 = [营业收入(不含销项税) - 经营成本(不含进项税) - 折旧费 - 利息 - 维持运营投资 + 补贴收入 - 增值税附加] × 25%

第2年所得税 = [(702 - 102) × 80% - (380 - 50) × 80% - 88.32 - 42 + 100] × 25% = 46.42(万元)；

第3年所得税 = (600 - 330 - 88.32 - 28) × 25% = 38.42(万元)；

第4年所得税 = (600 - 330 - 88.32 - 14 - 4.56) × 25% = 40.78(万元)；

第5年所得税 = (600 - 330 - 88.32 - 50 - 5.2) × 25% = 31.62(万元)；

第6~7年所得税 = (600 - 330 - 88.32 - 5.2) × 25% = 44.12(万元)。

项目资本金现金流量表(单位:万元)　　　　　表2-5

序号	项目	建设期	运营期					
		1	2	3	4	5	6	7
1	现金流入	0.00	661.60	702.00	702.00	702.00	702.00	1292.08
1.1	营业收入(不含销项税额)		480.00	600.00	600.00	600.00	600.00	600.00
1.2	销项税额		81.60	102.00	102.00	102.00	102.00	102.00
1.3	补贴收入		100.00					
1.4	回收固定资产余值							390.08
1.5	回收流动资金							200.00
2	现金流出	600.00	732.42	586.42	624.94	518.82	481.32	481.32
2.1	项目资本金	600.00						
2.2	借款本金偿还		140.00	140.00	140.00			
2.3	借款利息支付		42.00	28.00	14.00			
2.4	流动资金投资		200.00					
2.5	经营成本(不含进项税额)		264.00	330.00	330.00	330.00	330.00	330.00

续上表

序号	项 目	建设期	运 营 期					
		1	2	3	4	5	6	7
2.6	进项税额		40.00	50.00	50.00	50.00	50.00	50.00
2.7	应纳增值税				45.60	52.00	52.00	52.00
2.8	增值税附加				4.56	5.20	5.20	5.20
2.9	维持运营投资					50.00		
2.10	所得税		46.42	38.42	40.78	31.62	44.12	44.12
3	所得税后净现金流量	-600.00	-70.82	115.58	77.06	183.18	220.68	810.76
4	累计税后净现金流量	-600.00	-670.82	-555.24	-478.18	-295.00	-74.32	736.44
5	基准收益率(10%)	0.9091	0.8264	0.7513	0.6830	0.6209	0.5645	0.5132
6	折现后净现金流量	-545.46	-58.53	86.84	52.63	113.74	124.57	416.08
7	累计折现后净现金流量	-545.46	-603.99	-517.15	-464.52	-350.78	-226.21	189.87

(2)计算项目的资本金财务内部收益率

编制项目财务内部收益率试算表,见表 2-6。

$i_1 = 15\%$ 时, $FNPV_1 = 35.99$(万元)

$i_2 = 17\%$ 时, $FNPV_2 = -11.54$(万元)

项目财务内部收益率试算表(单位:万元)　　　　表 2-6

序号	项 目	建设期	运 营 期					
		1	2	3	4	5	6	7
1	现金流入	0.00	661.60	702.00	702.00	702.00	702.00	1292.08
2	现金流出	600.00	732.42	586.42	624.94	518.82	481.32	481.32
3	净现金流量	-600.00	-70.82	115.58	77.06	183.18	220.68	810.76
4	折现系数 $i=15\%$	0.8696	0.7561	0.6575	0.5718	0.4972	0.4323	0.3759
5	折现后现金流量	-521.76	-53.55	75.99	44.06	91.08	95.40	304.76
6	累计折现净现金流量	-521.76	-575.31	-499.31	-455.25	-364.17	-268.77	35.99
7	折现系数 $i=17\%$	0.8547	0.7305	0.6244	0.5337	0.4561	0.3898	0.3332
8	折现后现金流量	-512.82	-51.73	72.17	41.13	83.55	86.02	270.15
9	累计折现净现金流量	-512.82	-564.55	-492.39	-451.26	-367.71	-281.69	-11.54

用内插法计算出拟建项目的财务内部收益率 $FIRR$,即:

$$FIRR = i_1 + (i_2 - i_1) \times \frac{FNPV_1}{|FNPV_1| + |FNPV_2|}$$

$$= 15\% + (17\% - 15\%) \times \frac{35.99}{35.99 + 11.54} = 16.51\%$$

（3）评价项目资本金的盈利能力和融资方案下的财务可行性

该项目的资本金财务内部收益率为 16.51%，大于企业投资者期望的最低可接受收益率 15%，说明资本金的获利水平超过了要求，从项目权益投资者整体角度看，在该融资方案下的项目效益是可接受的。

案例 6

背景材料

某一级公路碎石加工厂，年设计生产能力 150000 m³。根据市场调研预测，碎石不含税售价为 50 元/m³（增值税税率为 3%），增值税附加税税率为 10%。生产碎石的可变成本估算为 20 元/m³（含可抵扣进项税 1 元），碎石厂年固定成本为 270 万元。

问题

1. 计算该碎石厂的盈亏平衡产量。
2. 在碎石市场销售良好的情况下，年度最大可能盈利额多少？
3. 在市场销售不良情况下，企业欲保证年利润 60 万元的年产量应达多少？

要点分析

在建设项目经济评价中，所研究的问题都发生于未来，所引用的数据也都来源于预测和估计，从而使经济评价不可避免地带有不确定性。因此，对于工程建设项目除进行财务评价外，一般还需进行不确定性分析。盈亏平衡分析是项目不确定性分析中一种常用的方法。

盈亏平衡分析是研究建设项目生产成本、产销量与收益之间平衡关系的一种方法。在盈亏平衡点处，项目处于不亏不盈的状态，即项目的收益与成本相等，可用下式表示：

$$TR = TC \tag{2-26}$$

$$TR = （单位产品价格 － 单位产品销售税金及附加）\times 产量 \tag{2-27}$$

$$TC = 固定成本 + 可变成本 = 固定成本 + 单位产品可变成本 \times 产量 \tag{2-28}$$

式中：TR——项目的总收益；

TC——项目的总成本。

参考答案

问题 1：

根据收益、成本与产量的关系可知：

TR =（单位产品价格 - 单位产品销售税金及附加）× 产量
   = [50 - (50 × 3% - 1) × 10%]Q = 49.95Q

TC = 固定成本 + 可变成本 = 2700000 + 20Q

设该项目的盈亏平衡产量为 Q^*，TR = TC

即：$49.95Q^* = 2700000 + 20Q^*$

解得：$Q^* = 90150(m^3)$

即该项目的盈亏平衡产量为 $90150m^3$。

问题 2：

在市场销售良好情况下，正常年份最大可能盈利额为按设计生产能力生产碎石时获得的收益，根据收益、成本与产量的关系可得：

年度最大可能盈利额 = 设计生产能力 × 单价 - 年固定成本 - 设计生产能力 × (单位产品可变成本 + 单位产品增值税 × 增值税附加税率)

= 150000 × 50 - 2700000 - 150000 × [20 + (50 × 3% - 1) × 10%] = 179.25(万元)

问题 3：

在市场销售不良情况下，企业欲保证年利润 60 万元的最低年产量为：

$600000 = 50Q - 2700000 - [20 + (50 × 3\% - 1) × 10\%]Q$

解得：$Q = 110184(m^3)$

案例 7

背景材料

某高速公路工程项目，设计交通流量为每年 200 万辆，该项目的初始投资额为 12000 万元，预计每辆车的通行费为 20 元，公路运营期为 10 年，每年的运营成本、维修费、大修摊销费等所有支出平均为 1700 万元，运营期末残值为 1000 万元，基准收益率为 12%。

问题

1. 以财务净现值为分析对象，就项目的交通流量和投资额两因素，按 ±10%、±20% 变动进行敏感性分析。
2. 根据各因素的敏感性判断该项目的风险。

要点分析

本案例属于不确定性分析的另一种方法——敏感性分析的案例，主要考察各因素变化对财务评价指标影响的计算方法。

参考答案

问题 1：
(1) 计算初始条件下项目的净现值：

$$NPV_0 = -12000 + (20 \times 200 - 1700)(P/A, 12\%, 10) + 1000(P/F, 12\%, 10)$$
$$= -12000 + 2300 \times 5.650 + 1000 \times 0.3220 = 1317.5(万元)$$

现在分别对年交通流量、投资额在初始基础数据上按 ±10%、±20% 变动时进行净现值的计算。

① 年交通量在 ±10%、±20% 范围变动时：

$$NPV_{10\%} = -12000 + [20 \times 200(1+10\%) - 1700](P/A, 12\%, 10) + 1000(P/F, 12\%, 10)$$
$$= -12000 + 2700 \times 5.650 + 1000 \times 0.322 = 3577.5(万元)$$

$$NPV_{20\%} = -12000 + [20 \times 200(1+20\%) - 1700](P/A, 12\%, 10) + 1000(P/F, 12\%, 10)$$
$$= -12000 + 3100 \times 5.650 + 1000 \times 0.322 = 5837.6(万元)$$

$$NPV_{-10\%} = -12000 + [20 \times 200(1-10\%) - 1700](P/A, 12\%, 10) + 1000(P/F, 12\%, 10)$$
$$= -12000 + 1900 \times 5.650 + 1000 \times 0.322 = -942.6(万元)$$

$$NPV_{-20\%} = -12000 + [20 \times 200(1-20\%) - 1700](P/A, 12\%, 10) + 1000(P/F, 12\%, 10)$$
$$= -12000 + 1500 \times 5.650 + 1000 \times 0.322 = -3202.7(万元)$$

② 投资额在 ±10%、±20% 范围变动时：

$$NPV_{10\%} = -12000(1+10\%) + (20 \times 200 - 1700)(P/A, 12\%, 10) + 1000(P/F, 12\%, 10)$$
$$= -13200 + 2300 \times 5.650 + 1000 \times 0.322 = 117.5(万元)$$

$$NPV_{20\%} = -12000(1+20\%) + (20 \times 200 - 1700)(P/A, 12\%, 10) + 1000(P/F, 12\%, 10)$$
$$= -14400 + 2300 \times 5.650 + 1000 \times 0.322 = -1082.5(万元)$$

$$NPV_{-10\%} = -12000(1-10\%) + (20 \times 200 - 1700)(P/A, 12\%, 10) + 1000(P/F, 12\%, 10)$$
$$= -10800 + 2300 \times 5.650 + 1000 \times 0.322 = 2517.5(万元)$$

$$NPV_{-20\%} = -12000(1-20\%) + (20 \times 200 - 1700)(P/A, 12\%, 10) + 1000(P/F, 12\%, 10)$$
$$= -9600 + 2300 \times 5.650 + 1000 \times 0.322 = 3717.5(万元)$$

将计算结果列在表 2-7 中。

财务净现值单因素敏感性分析表　　表 2-7

变化幅度	-20%	-10%	0	10%	20%	平均+1%	平均-1%
交通流量	-3202.7	-942.6	1317.5	3577.5	5837.6	17.15%	-17.15%
投资额	3717.5	2517.5	1317.5	117.5	-1082.5	-9.11%	9.11%

表 2-7 的说明

由表 2-7 可以看出，在变化率相同的条件下，交通流量的变动对财务净现值的影响更大，其次是投资额。由此可见，交通流量和投资额这两个影响因素中较敏感的是交通流量。因此,从方案决策的角度来看,应对该项目将来的交通流量进行更加准确的考察估算,以使未来交通流量的变化尽可能地向增加方向发展,以降低项目投资的风险。

问题2:

通过上述分析可以看出,该项目对交通流量是非常敏感的,当 $NPV=0$ 时,即:

$NPV = -12000 + [20 \times 200(1+x) - 1700](P/A, 12\%, 10) + 1000(P/F, 12\%, 10) = 0$

可求得 $x = -5.8\%$。

即只要交通流量下降超过5.8%,那么该项目财务净现值就将为负值。所以,该项目风险较大。

案例 8

背景材料

某制造业新建项目建设投资为850万元(发生在第1年末),全部形成固定资产。项目建设期一年,运营期5年,投产第1年负荷60%,其他年份均为100%。满负荷流动资金为100万元,投产第1年流动资金估算为70万元。计算期末将全部流动资金回收。

生产运营期内满负荷运营时,销售收入650万元(对于制造业项目,可将营业收入记作销售收入),经营成本250万元,其中原材料和燃料动力200万元,以上均以不含税价格表示。

投入和产出的增值税税率均为17%,营业税金及附加按增值税的10%计算,企业所得税税率33%。折旧年限5年,不计残值,按年限平均法折旧。设定所得税前财务基准收益率12%,所得税后财务基准收益率10%。

问题

1. 识别并计算各年的现金流量,编制项目投资现金流量表(融资前分析)(现金流量按年末发生计)。

2. 计算项目投资财务内部收益率和财务净现值(所得税前和所得税后),并由此评价项目的财务可行性。

要点分析

本案例重点在于掌握财务内部收益率的计算方法。

参考答案

问题 1：

(1) 编制项目投资现金流量表

① 第 1 年年末现金流量

现金流入：0

现金流出：建设投资 850 万元

② 第 2 年末现金流量

现金流入：销售收入 $650 \times 60\% = 390$(万元)

现金流出：

流动资金 = 70(万元)

经营成本 = $200 \times 60\% + (250 - 200) = 170$(万元)

营业税金及附加：

增值税 = $390 \times 17\% - 200 \times 60\% \times 17\% = 45.9$(万元)

营业税金及附加 = $45.9 \times 10\% = 4.6$(万元)

调整所得税。要计算调整所得税，必须先计算固定资产折旧，再计算出息税前利润。

先算折旧(融资前)：

固定资产原值 = 850(万元)

年折旧率 = $(1 - 0\%) \div 5 = 20\%$

年折旧额 = $850 \times 20\% = 170$(万元)

再算息税前利润(EBIT)：

息税前利润 = 销售收入 − 经营成本 − 折旧 − 营业税金及附加
$= 390 - 170 - 170 - 4.6 = 45.4$(万元)

最后算调整所得税：

调整所得税 = 息税前利润 × 所得税率 = $45.4 \times 33\% = 15.0$(万元)

③ 第 3 年末现金流量

现金流入：销售收入 650 万元

现金流出：

流动资金增加额 = $100 - 70 = 30$(万元)

经营成本 = 250 万元

营业税金及附加：

增值税 = $650 \times 17\% - 200 \times 17\% = 76.5$(万元)

营业税金及附加 = $76.5 \times 10\% = 7.7$(万元)

调整所得税(融资前)：

息税前利润 = $650 - 250 - 170 - 7.7 = 222.3$(万元)

调整所得税 = $222.3 \times 33\% = 73.4$(万元)

④第 4 年末现金流量。除流动资金增加额为零外,其余同第 3 年。
⑤第 5 年末现金流量全部同第 4 年。
⑥第 6 年末现金流量

现金流入:

销售收入 = 650 万元

回收流动资金 = 100 万元

回收固定资产余值 0(因不计残值,同时折旧年限与运营期相同)

现金流出:同第 4 年。

将所计算的各年现金流量汇入,编制项目投资现金流量表,见表 2-8。

项目投资现金流量表(单位:万元)　　表 2-8

序号	项目/年份	建设期	运营期				
		1	2	3	4	5	6
1	(一)现金流入	/	390	650	650	650	750
2	1.销售收入	/	390	650	650	650	650
3	2.回收固定资产余值	/	/	/	/	/	0
4	3.回收流动资金	/	/	/	/	/	100
5	(二)现金流出	850	259.6	361.1	331.1	331.1	331.1
6	1.建设投资	850	/	/	/	/	/
7	2.流动资金	/	70	30	/	/	/
8	3.经营成本	/	170	250	250	250	250
9	4.营业税金及附加	/	4.6	7.7	7.7	7.7	7.7
10	5.调整所得税	/	15	73.4	73.4	73.4	73.4
11	(三)所得税前净现金流量 (一) - (二) + 调整所得税	-850	145.4	362.3	392.3	392.3	492.3
12	(四)所得税后净现金流量 (一) - (二)	-850	130.4	288.9	318.9	318.9	418.9

问题 2:

依据项目投资现金流量表计算项目财务净现值($FNPV$)及财务内部收益率($FIRR$):

(1)所得税前指标:

$$FNPV(i = 12\%) = 850 \times (1.12)^{-1} + 145.4 \times (1.12)^{-2} + 362.3 \times (1.12)^{-3} + 392.3 \times (1.12)^{-4} + 392.3 \times (1.12)^{-5} + 492.3 \times (1.12)^{-6}$$

$$= 850 \times 0.8929 + 145.4 \times 0.7972 + 362.3 \times 0.7118 + 392.3 \times 0.6355 + 392.3 \times 0.5674 + 492.3 \times 0.5066$$

$$= 336.1(万元)$$

$FIRR$ 计算:经计算 $FNPV(i=25\%)=16.8$ 万元,$FNPV(i=27\%)=-15.4$ 万元,$FIRR$ 必在 25% 和 27% 之间,采用试差法计算的所得税前 $FIRR$ 如下:

$$FIRR = 25\% + \left(\frac{16.8}{16.8+15.4}\right) \times (27\% - 25\%) = 26.0\%$$

所得税前财务内部收益率大于设定的基准收益率 12%,所得税前财务净现值($i_c=12\%$)大于零,项目财务效益是可以接受的。

(2)所得税后指标:

$$\begin{aligned}FNPV(i=10\%) &= -850 \times (1.1)^{-1} + 130.4 \times (1.1)^{-2} + 288.9 \times (1.1)^{-3} + 318.9 \times \\ &\quad (1.1)^{-4} + 318.9 \times (1.1)^{-5} + 418.9 \times (1.1)^{-6} \\ &= 850 \times 0.9091 + 130.4 \times 0.8264 + 288.9 \times 0.7513 + 318.9 \times 0.6830 + \\ &\quad 318.9 \times 0.6209 + 418.9 \times 0.5645 \\ &= 204.4(万元)\end{aligned}$$

$FIRR$ 计算:

经计算 $FNPV(i=17\%)=28.1$ 万元,$FNPV(i=19\%)=-10.6$ 万元,$FIRR$ 必在 17% 和 19% 之间,采用试差法计算的所得税后 $FIRR$ 如下:

$$FIRR = 17\% + \left(\frac{28.1}{28.1+10.6}\right) \times (19\% - 17\%) = 18.4\%$$

所得税后财务内部收益率大于设定的财务基准收益率 10%,所得税后财务净现值($i_c=10\%$)大于零,项目财务效益是可以接受的。

第三章

公路工程定额运用与造价编制

[学习目标]

通过本章的学习,了解公路工程施工定额及概(预)算定额的编制方法;掌握公路工程造价编制工程量计算规则,并且初步熟悉我国交通运输部发布的《公路工程建设项目概算预算编制办法》(JTG 3830—2018)、《公路工程概算定额》(JTG/T 3831—2018)、《公路工程预算定额》(JTG/T 3832—2018)、《公路工程机械台班费用定额》(JTG/T 3833—2018)等国家规范,正确使用公路工程概(预)算定额及机械台班费用定额,掌握公路工程建设项目工程造价各部分费用的计算方法;结合内蒙古地区公路工程养护定额,了解公路工程养护费用的编制方法。

案例 1

背景材料

用测时法进行路基边坡坡面人工满铺草皮定额的测定,现场测定情况见表3-1。

假定草皮规格为 20cm × 25cm × 10cm,设计需要铺设草皮的路基边坡坡面的面积为 1800m²。据经验,估计非工作耗时(指准备工作时间、合理中断和休息及结束整理时间)占定额时间的 15%。

测时法人工满铺草皮定额现场测定表　　　　表3-1

观察项目	工种	时间定额	观察资料			
			第一次	第二次	第三次	第四次
铺筑	普通工	工人数量	4	7	6	8
		耗时(min)	262	358	258	413
		产量(m²)	36.2	41.8	29.4	54.3
拍紧	普通工	工人数量	7	4	5	6
		耗时(min)	26	34	21	28
		产量(m²)	35	30	20	33
木橛钉固草皮	普通工	工人数量	7	4	6	2
		耗时(min)	110	120	118	128
		产量(m²)	40	48	46	51

问题

请用上述资料计算人工满铺草皮的劳动定额,定额单位取 $1000\,m^2$。工作内容为:铺筑、拍紧、木橛钉固草皮。

要点分析

测时法通过对人工或机械工作时间进行观察、记录、整理、分析,得到完成单位合格产品所必须消耗的工作时间,是制订定额的基础工作。本案例采用测时法来计算人工的劳动定额。

$$\text{定额时间} = \text{基本工作时间} + \text{准备与结束工作时间} + \text{辅助工作时间} + \text{休息时间} + \text{不可避免中断时间} \quad (3\text{-}1)$$

参考答案

(1)计算铺筑的定额时间

铺筑基本时间消耗 $= (4 \times 262 + 7 \times 358 + 6 \times 258 + 8 \times 413) \div (36.2 + 41.8 + 29.4 + 54.3)$
$\qquad = 51.985(\min/m^2)$

铺筑定额时间耗时 $= 51.985 \div 0.85 = 61.159(\min/m^2)$

(2)计算拍紧的时间定额时间

拍紧基本时间消耗 $= (7 \times 26 + 4 \times 34 + 5 \times 21 + 6 \times 28) \div (35 + 30 + 20 + 33)$
$\qquad = 5.008(\min/m^2)$

拍紧定额时间耗时 $= 5.008 \div 0.85 = 5.892(\min/m^2)$

(3) 计算木橛钉固草皮的定额时间

木橛钉固草皮基本时间消耗 = $(7 \times 110 + 4 \times 120 + 6 \times 118 + 2 \times 128) \div (40 + 48 + 46 + 51)$
$= 11.968(\text{min/m}^2)$

木橛钉固草皮定额时间消耗 = $11.978 \div 0.85 = 14.079(\text{min/m}^2)$

(4) 计算人工满铺草皮的劳动定额

该路基边坡坡面人工满铺草皮基本时间消耗 = $(61.159 + 5.892 + 14.079) \times 1800$
$= 146034(\text{min})$

人工满铺草皮的劳动定额 = $146034 \div 60 \div 8 \div 1800 \times 1000 = 169.02(\text{工日}/1000\text{m}^2)$

案例 2

背景材料

用工作日写实法,确定钢筋工程施工定额中的劳动定额。已知准备机具消耗时间 10min,钢筋切断消耗时间 30min,钢筋弯曲消耗时间 20min,调直钢筋消耗时间 52min,焊接成型时间 350min,操作过程中由于材料供应不足停工 20min,由于停电造成停工 5min,操作完成后清理工作消耗 8min。

问题

1. 计算钢筋加工所消耗的基本工作时间。
2. 计算钢筋加工所消耗的定额时间。
3. 若在上述时间内完成 1.25t 钢筋加工,假定参加施工工人人数为 5 人,试计算完成钢筋加工工程的劳动定额。

要点分析

工作日写实法,是一种研究整个工作班内的各种工时消耗的方法。运用工作日写实法主要有两个目的:一是取得编制定额的基础资料;二是检查定额的执行情况,找出缺点,改进工作。本案例考察采用工作日写实法来计算人工的劳动定额的方法。

参考答案

问题 1:

基本工作时间:是钢筋切断消耗时间、钢筋弯曲消耗时间、调直钢筋消耗时间、焊接成型时间之和。

$$基本工作时间 = 30 + 20 + 52 + 350 = 452(\text{min})$$

问题2：

定额时间：为基本工作时间、准备机具时间、操作完成后清理时间之和。

$$定额时间 = 452 + 10 + 8 = 470(\text{min})$$

问题3：

劳动定额：$470 \div 60 \div 8 \times 5 \div 1.25 = 3.917(\text{工日}/t)$

$$产量定额：1 \div 3.917 = 0.255(t/\text{工日})$$

案例3

背景材料

浇筑混凝土小型构件400mm×600mm×6000mm，选用出料容量为400L的搅拌机现场搅拌，搅拌机每一次搅拌循环时间为：①装料50s；②运行180s；③卸料40s；④中断20s，机械利用系数为0.9。

问题

浇筑该小型构件需要多少个台班？

要点分析

编制施工机械定额，必须考虑机械时间利用系数和机械循环次数及时间消耗，从而确定机械的消耗定额。

参考答案

混凝土工程量 $= 0.4 \times 0.6 \times 6.0 = 1.44(\text{m}^3)$

混凝土搅拌机一次循环时间 $= 50 + 180 + 40 + 20 = 290(\text{s})$

每小时循环次数 $= 60 \times 60 \div 290 = 12(\text{次})$

每台班产量 $= 12 \times 0.4 \times 8 \times 0.9 = 34.56(\text{m}^3/\text{台班})$

每立方米混凝土浇筑需要搅拌机台班 $= 1/34.56 = 0.029(\text{台班}/\text{m}^3)$

浇筑此小型构件需要搅拌机的台班数 $= 1.44 \times 0.029 = 0.042(\text{台班})$

案例 4

背景材料

拟采用统计分析法编制定额,定额编制人员收集了前三年的施工统计资料,将施工统计资料进行了初步筛选,选定 $1m^3$ 隧洞内工程消耗的人工和机械的作业时间,见表 3-2。

$1m^3$ 隧洞内工程消耗的人工和机械的作业时间表　　　表 3-2

组数	1	2	3	4	5	6	7	8	9	10	11	12
人工(h)	24	25	23	26	27	30	36	33	35	24	35	26
机械(min)	210	223	226	258	250	261	246	268	272	221	236	246

问题

根据上述资料编制隧洞内工程施工定额的劳动消耗定额和机械消耗定额。

要点分析

统计分析法(Statistical Analysis Method)是把一段时间内生产该产品所耗工时的原始记录,通过一定的统计分析整理,计算出人工和机械工作平均先进的时间消耗水平,以此为依据制订劳动定额的研究方法。

$$平均先进实耗工时 = \frac{平均实耗工时 + 先进平均的实耗工时}{2} \qquad (3-2)$$

参考答案

(1)计算平均实耗工时

$$人工平均耗时 = \frac{24+25+23+26+27+30+36+33+35+24+35+26}{12} = 28.67(h)$$

$$机械平均耗时 = \frac{210+223+226+258+250+261+246+268+272+221+236+246}{12}$$
$$= 243.08(min)$$

(2)计算平均先进实耗工时

$$人工先进平均实耗工时 = \frac{24+25+23+26+27+24+26}{7} = 25(h)$$

$$机械先进平均实耗工时 = \frac{210+223+226+221+236}{5} = 223.2(min)$$

$$人工平均先进实耗工时 = \frac{28.67+25}{2} = 26.84(h)$$

$$机械平均先进实耗工时 = \frac{243.08+223.2}{2} = 233.14(min)$$

(3) 确定施工定额
人工：

时间定额 $= \frac{26.84}{8} = 3.36(工日/m^3)$

产量定额 $= \frac{1}{3.36} = 0.30(m^3/工日)$

机械：

时间定额 $= \frac{233.14}{60 \times 8} = 0.49(台班/m^3)$

产量定额 $= \frac{1}{0.49} = 2.04(m^3/台班)$

案例 5

背景材料

某桥梁结构物花岗岩贴面工程，定额测定资料如下：

(1) 完成 1m² 花岗岩贴面消耗的基本工作时间为 240min；辅助工作时间占工作班连续时间的 2%，准备与结束工作时间占工作班连续时间的 2%，不可避免的中断时间占工作班连续时间的 1%，休息时间占工作班连续时间的 15%。

(2) 每贴面 100m² 花岗岩需消耗 M7.5 水泥砂浆 5.55m³，花岗岩板 102m²，白水泥 15kg，铁件 34.87kg，塑料薄膜 28.05m²，水 1.53m³（注：材料消耗中均已包含场内运输及操作损耗量）。

(3) 水泥砂浆用 200L 搅拌机拌和，劳动组合为 25 个生产工人/班组。

(4) 人工幅度差 10%，机械幅度差 5%。

(5) 该工程所在地的预算价格如下：

① 人工工资单价：103.4 元/工日；
② 花岗岩板预算价格：300.00 元/m²；
③ 白水泥预算价格：530.00 元/t，32.5 级普通硅酸盐水泥预算价格：320 元/t；
④ 铁件预算价格：4.73 元/kg；
⑤ 塑料薄膜预算价格：1.00 元/m²；

⑥水预算价格:2.8 元/m³;
⑦电预算价格:0.85 元/(kW·h);
⑧中(粗)砂预算价格:90.56 元/m³;
⑨200L 水泥砂浆搅拌机台班单价:131.61 元/台班。
(6)已知:1m³M7.5 砂浆配合比消耗量,需消耗 32.5 级水泥 0.266t,中(粗)砂 1.09m³。

问题

1. 计算完成 1m² 花岗岩贴面的劳动定额的时间定额与产量定额。
2. 编制花岗岩贴面的补充预算定额(计量单位为 100m²)。
3. 计算每 100m² 花岗岩贴面的定额基价、直接费。

要点分析

本案例主要考核了劳动定额与产量定额的算法,以及定额基价与直接费的主要内容及计算方法。

参考答案

问题 1:
完成 1m² 花岗岩贴面的劳动定额
假定花岗岩贴面的工作班连续时间为 x,则:
$x = 240 + 2\%x + 2\%x + 1\%x + 15\%x$
解得 $x = 300 \text{min/m}^2$
时间定额 $= 300 \div (60 \times 8) = 0.625 (\text{工日}/\text{m}^2)$
产量定额 $= 1 \div 0.625 = 1.6 (\text{m}^2/\text{工日})$

问题 2:
每 100m² 花岗岩贴面补充预算定额
人工数量 $= 0.625 \times 1.1 \times 100 = 68.75 (\text{工日})$
铁件数量 $= 34.87 \times 1 = 34.87 (\text{kg})$
白水泥数量 $= 0.015 \times 1 = 0.015 (\text{t})$
32.5 级水泥数量 $= 0.266 \times 5.55 = 1.476 (\text{t})$
水数量 $= 1.53 \times 1 = 1.53 (\text{m}^3)$
花岗岩板数量 $= 102 \times 1 = 102 (\text{m}^2)$
中(粗)砂数量 $= 1.09 \times 5.55 = 6.050 (\text{m}^3)$
塑料膜数量 $= 28.05 \times 1 = 28.05 (\text{m}^2)$

200L 砂浆搅拌机数量 $= 0.625 \times 100 \div 25 \times 1.05 = 2.63$(台班)

问题 3：

每 $100m^2$ 花岗岩贴面的定额基价、直接费

每 $100m^2$ 花岗岩贴面的定额基价为

$68.75 \times 106.28 + 34.87 \times 4.53 + 0.015 \times 555.56 + 1.476 \times 307.69 + 1.53 \times 2.72 + 102 \times 300 + 6.05 \times 87.38 + 28.05 \times 1 + 2.63 \times 129.87 = 39425.24$(元)

注：部分数据来源于《公路工程预算定额》(JTG/T 3832—2020)附录四人工材料设备单价表。

每 $100m^2$ 花岗岩贴面的直接费为

$68.75 \times 103.4 + 34.87 \times 4.73 + 0.015 \times 530 + 1.476 \times 320 + 1.53 \times 2.8 + 102 \times 300 + 6.05 \times 90.56 + 28.05 \times 1 + 2.63 \times 131.61 = 39275.78$(元)

案例 6

背景材料

某高速公路路基土石方工程，挖土方总量为 $3600000m^3$，其中松土 $400000m^3$，普通土 $2400000m^3$，硬土 $800000m^3$。利用开挖土方作填方用：利用天然密实松土 $300000m^3$，普通土 $1900000m^3$，硬土 $720000m^3$。开炸石方总量 $1240000m^3$，利用开炸石方作填方用：利用石方天然密实方 $420000m^3$。填方压实方 $5270000m^3$。

问题

计算本项目路基断面方、计价方、利用方(压实方)、借方(压实方)和弃方数量，计算结果保留整数。

要点分析

本案例主要考核关于土、石方数量的概念性问题以及相互之间的关系，天然密实方与压实方之间的关系等。天然密实方与压实方的调整系数见表 3-3。

表 3-3 路基土、石方天然密实方与压实方的调整系数表

公路等级	土方			石方
	松土	普通土	硬土	
二级及以上等级	1.23	1.16	1.09	0.92
三、四级公路	1.11	1.05	1.00	0.84

注：1. 当填方为借方时，则应在上表的基础上增加 0.03 的土方运输损耗；
2. 数据来源《公路工程预算定额》(JTG/T 3832—2018)。

设计断面方 = 挖方(天然密实方) + 填方(压实方)　　　　　　　　(3-3)
计价方 = 挖方(天然密实方) + 填方(压实方) − 利用方(压实方)　(3-4)
借方 = 填方(压实方) − 利用方(压实方)　　　　　　　　　　　　(3-5)
弃方 = 挖方(天然密实方) − 利用方(天然密实方)　　　　　　　　(3-6)

参考答案

(1) 路基设计断面方数量：3600000 + 1240000 + 5270000 = 10110000(m³)
(2) 利用方(压实方)数量：
300000÷1.23 + 1900000÷1.16 + 720000÷1.09 + 420000÷0.92 = 2998906(m³)
(3) 计价方数量：10110000 − 2998906 = 7111094(m³)
(4) 借方数量：5270000 − 2998906 = 2271094(m³)
(5) 弃方数量：3600000 + 1240000 − (300000 + 1900000 + 720000 + 420000) = 1500000(m³)

案例 7

背景材料

高速公路某标段路基土石方设计中无挖方，按断面计算的填方数量为 255000m³，平均填土高度 4m，边坡坡度 1∶1.5。该标段路线长 8km，路基宽 26m，设计填方量的 30% 从其他标段调用，全部为普通土，平均运距 4km；其他为借方，平均运距 3km(按普通土考虑)。为保证路基边缘的压实度须加宽填筑，宽填宽度为 0.5m，完工后需刷坡，但不需远运。填前压实沉陷厚度为 0.15m，土的压实干密度为 1.4t/m³，自然状态土的含水率约低于其最佳含水率 2%，水的平均运距为 1km。

问题

1. 计算路基设计断面方、计价方数量(计算结果保留整数)。
2. 编制施工图预算土石方工程项目预算分项表。

要点分析

(1) 借方为填方数量减去利用方后尚缺的土方数量。弃方为挖方数量减去利用方后尚余的土方数量。

　　　　填方 = 利用方(本桩利用 + 远运利用) + 借方　　　　(3-7)
　　　　挖方 = 利用方(本桩利用 + 远运利用) + 弃方　　　　(3-8)

(2)根据《公路工程预算定额》(JTG/T 3832—2018)下列数量应由施工组织设计提出,并计入路基填方数量内计算。

①清除表土或零填方地段的基底压实、耕地填前夯(压)实后,回填至原地面高程所需的土、石方数量;

②因路基沉陷需增加填筑的土、石方数量;

③为保证路基边缘的压实度须加宽填筑时,所需的土、石方数量。

(3)含水率为土中水的质量与干土颗粒的质量的比值。干密度为单位体积中土颗粒的质量。

(4)整修边坡的工程量,按公路路基长度计算。

(5)当以填方压实体积为工程量,采用以天然密实方为计量单位的定额时,需注意路基土、石方天然方与压实方的调整转换。

参考答案

问题1:

(1)计算路基填前压实沉陷增加数量:$8000 \times (26 + 4 \times 1.5 \times 2) \times 0.15 = 45600 (m^3)$

(2)计算路基宽填增加数量:$8000 \times 0.5 \times 2 \times 4 = 32000 (m^3)$

(3)计算实际填方数量:$255000 + 45600 + 32000 = 332600 (m^3)$

(4)计算利用方数量:$255000 \times 30\% = 76500 (m^3)$

(5)计算借方数量:$332600 - 76500 = 256100 (m^3)$

(6)计算填前压实面积数量:$8000 \times (26 + 4 \times 1.5 \times 2) = 304000 (m^2)$

(7)计算土方压实需加水数量:$332600 \times 1.4 \times 2\% = 9313 (m^3)$

(8)计算刷坡工程量:$0.5 \times 4 \times 8000 \times 2 = 32000 (m^3)$

(9)计算整修路拱数量:$8000 \times 26 = 208000 (m^2)$

问题2:

该项目土石方工程项目预算分项表,见表3-4。

土石方工程项目预算分项表　　表3-4

序号	工程细目		定额代号	单 位	数 量	定额调整或系数
1	$3m^3$ 装载机装土(利用方)		1-1-10-3	$1000m^3$ 天然密实方	76.5	系数:1.16
2	15t自卸汽车运土方(利用方)	第一个1km	1-1-11-9	$1000m^3$ 天然密实方	76.5	系数:1.16
3		增运3km	1-1-11-10	$1000m^3$ 天然密实方	76.5	系数:1.16×6
4	$2m^3$ 挖掘机挖装土(借方)		1-1-9-8	$1000m^3$ 天然密实方	256.1	系数:1.19
5	15t自卸汽车运土方(借方)	第一个1km	1-1-11-9	$1000m^3$ 压实方	256.1	系数:1.19
6		增运2km	1-1-11-10	$1000m^3$ 压实方	256.1	系数:1.19×4
7	土方碾压		1-1-18-4	$1000m^3$ 压实方	332.6	
8	土方洒水(6000L洒水汽车)		1-1-22-3	$1000m^3$ 水	9.313	

续上表

序号	工程细目	定额代号	单位	数量	定额调整或系数
9	耕地填前压实	1-1-5-4	1000m²	304	
10	刷坡	1-1-21-3	1000m³	32	
11	整修路拱	1-1-20-1	1000m²	208	
12	整修边坡	1-1-20-4	1km	8	

案例 8

背景材料

某公路工程施工图设计路面基层为厚36cm(5%)水泥稳定碎石,底基层为厚20cm石灰粉煤灰砂砾(5∶15∶80)。其中某标段路线长30km,路面基层数量为771780m²,路面底基层数量780780m²,采用集中拌和施工。根据施工组织设计,在距路线两端1/3处各有一块比较平坦的场地,上路距离200m,底基层与基层的施工计划工期为6个月,不考虑拌和站场地处理。

问题

请按不同的结构分别列出本标段路面工程造价所涉及的相关定额的名称、单位、定额代号、数量等内容,并编制造价细目表。

要点分析

本案例主要考核如何正确套用定额确定路面工程造价,要求熟悉沥青混凝土路面施工的相关工序,确保不漏项。

参考答案

(1)基层、底基层混合料拌和设备设置数量的计算

石灰粉煤灰砂砾底基层数量为780780m²,厚度为20cm,干密度为2.0t/m³。水泥稳定碎石基层数量为771780m²,厚度为36cm,干密度为2.3t/m³。体积=面积×厚度,质量=体积×密度。

底基层体积=780780×0.2=156156(m³)

基层体积=771780×0.36=277841(m³)

混合料质量 = $156156 \times 2 + 277841 \times 2.3 = 951346.3(t)$

根据施工工期安排,要求在6个月内完成路面基层和底基层的施工,假定设置的拌和设备型号为300t/h,每天施工时间为10h,每月有效工作时间22d,设备利用系数为0.85,拌和设备安拆需1个月,则需要的拌和设备数量为 $951346.3 \div [300 \times 10 \times 0.85 \times 22 \times (6-1)] = 3.39(台)$。

因此,本例应设置4台300t/h拌和设备。拌和设备安拆需1个月,实际拌和时间为5个月,每个月能拌和混合料数量为 $300 \times 10 \times 0.85 \times 22 = 56100(t)$。

(2)基层(底基层)混合料综合平均运距

沿线应设基层(底基层)稳定土拌和场两处,每处安装300t/h稳定土拌和设备2台。其混合料综合平均运距为 $5 \times 20 \div 30 + 2.5 \times 10 \div 30 + 0.2 = 4.37(km)$,按4.5km考虑。

本标段路面工程造价细目表见表3-5。

本标段路面工程造价细目表 表3-5

工程细目			定额代号	定额单位	定额数量	调整系数
设备安拆		稳定土厂拌设备安拆 (300t/h以内)	2-1-10-4	1座	4	
底基层	底基层混合料拌和	厂拌石灰:粉煤灰:砂砾 (5:15:80)	2-1-7-29	1000m²	780.78	
	混合料运输	15t以内自卸汽车运稳定土 第一个1km	2-1-8-7	1000m³	156.156	
		15t以内自卸汽车运稳定土 每增运0.5km(运距15km以内)	2-1-8-8	1000m³	156.156	
	摊铺	摊铺机铺筑基层混合料	2-1-9-11	1000m²	771.78	拖、平、摊铺压机×2,人工+1.5

案例9

背景材料

某高速公路沥青混凝土路面,其设计面层分别为上面层5cm厚细粒式沥青混凝土,中面层6cm厚中粒式沥青混凝土,下面层7cm厚粗粒式沥青混凝土。路面基层为石灰稳定砂砾结构。该路段长28km,路面宽26m;其中进口段里程K0+000—K0+160路面平均宽度为100m。拌和站设在全线1/2处,拌和站距高速公路中间点1km。沥青混凝土路面面层施工工期为6个月,采用集中拌和、自卸汽车运输、机械摊铺施工工艺。可供选择的拌和站为160t/h沥青混合料拌和设备两台,拌和场地建设不考虑。

问题

请列出本路段路面工程所涉及的相关预算定额名称、单位、定额代号、数量等内容,编制工程预算表中,列式计算工程量。

要点分析

本案例除考核根据工程量套用定额外,还考查对综合平均运距的计算。

参考答案

(1)工程数量的计算
①路面面积:$(28000-160) \times 26 + 160 \times 100 = 739840 (m^2)$
②各面层体积:
下面层(粗粒式):$739840 \times 0.07 = 51789 (m^3)$
中面层(中粒式):$739840 \times 0.06 = 44390 (m^3)$
上面层(细粒式):$739840 \times 0.05 = 36992 (m^3)$
合计:$51789 + 44390 + 36992 = 133171 (m^3)$
③沥青混合料质量:$51789 \times 2.377 + 44390 \times 2.37 + 36992 \times 2.363 = 315719 (t)$
沥青混凝土干密度可根据《公路工程预算定额》(JTG/T 3832—2018)中附录一查得。

(2)混合料拌和设备设置数量的计算
根据施工工期安排,要求在6个月内完成路面面层的施工,题目当中可供选择的拌和设备型号为160t/h,每天施工8h,设备利用系数为0.85,拌和设备安拆需1个月,则需要的拌和设备数量为 $315719 \div [160 \times 8 \times 0.85 \times 30 \times (6-1)] = 1.93$,应设置2台拌和设备。

(3)沥青混凝土混合料综合平均运距的计算
①各段混合料数量:
$14000 \times 26 \times 0.18 = 65520 (m^3)$
$(14000 - 160) \times 26 \times 0.18 = 64771 (m^3)$
$160 \times 100 \times 0.18 = 2880 (m^3)$
②各段中心运距:
对应于上述三段的中心运距分别为:
$14 \div 2 = 7 (km)$
$(14 - 0.16) \div 2 = 6.92 (km)$
$0.16 \div 2 + (14 - 0.16) = 13.92 (km)$

③综合平均运距：

总运量：$65520 \times 7 + 64771 \times 6.92 + 2880 \times 13.92 = 946945(\text{m}^3 \cdot \text{km})$

综合平均运距：$946945 \div 133171 = 7.11(\text{km})$

根据题目中给定的条件，拌和站距高速公路有1km的便道，因此，路面沥青混合料的实际综合平均运距为 $7.11 + 1 = 8.11(\text{km})$，根据定额中关于运距的规定 [见《公路工程预算定额》(JTG/T 3832—2018)]，本项目应按8km计算。

(4) 临时便道

根据题目中给定的条件，拌和站设在距高速公路中间点1km的位置。为保证施工的顺利进行和安全文明施工的要求，应考虑按临时便道路面和养护进行计算。

该路段路面工程分项工程预算具体见表3-6。

某高速公路路面工程分项工程预算表　　　　表3-6

工程项目		定额代号	单位	数量	定额调整或系数
透层沥青		2-2-16-3	1000m²	739.840	
黏层沥青		2-2-16-5	1000m²	739.840	系数:2
沥青混凝土拌和	粗粒式	2-2-11-4	1000m³	51.789	
	中粒式	2-2-11-11	1000m³	44.390	
	细粒式	2-2-11-18	1000m³	36.992	
15t内自卸汽车运输混合料	第一个1km	2-2-13-7	1000m³	133.171	
	每增运0.5km	2-2-13-8	1000m³	133.171	系数:14
沥青混凝土铺筑	粗粒式	2-2-14-42	1000m³	51.789	
	中粒式	2-2-14-43	1000m³	44.390	
	细粒式	2-2-14-44	1000m³	36.992	
沥青混凝土拌和设备安拆(160t/h)		2-2-15-4	座	2	
临时便道		7-1-1-1	1km	1	
临时便道路面		7-1-1-5	1km	1	
临时便道养护			km·月	5	

案例10

背景材料

某一级公路，路面结构形式及数量见表3-7，混凝土采用商品混凝土，材料运距均按2km考虑。本案例中不考虑稳定土厂拌设备安装及拆除。

路面工程数量表　　　　　　　　　表3-7

路面结构形式	单位	数量
4%水泥稳定碎石底基层18cm	m²	13200
5%水泥稳定碎石基层20cm	m²	12977
水泥混凝土面层25cm(抗折强度5.0MPa)	m²	12977

问题

分别列出该路面工程造价所涉及的相关定额的名称、单位、定额代号及数量等内容，并编制其造价细目表。

要点分析

本案例主要考核混凝土路面施工的相关工序，熟悉施工工艺，确保不漏项。分层计算底基层、基层和面层的数量，考查商品混凝土计算方法，并根据已知条件对定额进行抽换。

参考答案

本项目在计价时，应注意商品混凝土取费的规定，即商品混凝土本身不参与措施费及企业管理费的计算，只计取利润和税金；而商品混凝土的铺筑则应按构造物Ⅲ的费率计费，而不是按高速公路、一级公路的费率计费。具体造价细目见表3-8。

路面工程造价计算细目表　　　　　　　　　表3-8

工程细目			定额代号	单位	数量	定额调整或系数
4%水泥稳定碎石底基层18cm厚	拌和	压实厚20cm	2-1-7-5	1000m²	13.200	调整水泥剂量为4%
		每增减1cm	2-1-7-6	1000m²	13.200	调整水泥剂量为4%，系数:(-2)
	10t以内自卸汽车运2km	第一个1km	2-1-8-3	1000m³	13.2×0.18=2.376	
		每增运0.5km	2-1-8-4	1000m³	13.2×0.18=2.376	系数:2
	摊铺机铺筑		2-1-9-10	1000m²	13.200	
5%水泥稳定碎石基层20cm厚	拌和	压实厚20cm	2-1-7-5	1000m²	12.977	
	10t以内自卸汽车运2km	第一个1km	2-1-8-3	1000m³	12.977×0.2=2.595	
		每增运0.5km	2-1-8-4	1000m³	12.977×0.2=2.595	系数:2
	摊铺机铺筑		2-1-9-9	1000m²	12.977	
水泥混凝土面层25cm厚(抗折强度5.0MPa)	铺筑厚20cm		2-2-17-5	1000m²	12.977	普通混凝土换为商品混凝土，取费类别调整为构造物Ⅲ
	每增减1cm		2-2-17-6	1000m²	12.977	普通混凝土换为商品混凝土，取费类别调整为构造物Ⅲ，系数:5

案例 11

背景材料

为保护生态环境,某公路施工图设计有一明洞工程,长51m,其主要工程量见表3-9。

明 洞 工 程 数 量　　　　　　表3-9

明洞洞身开挖 (m^3)	现浇拱墙		现浇拱部		回填碎石 (m^3)
	混凝土(m^3)	钢筋(t)	混凝土(m^3)	钢筋(t)	
8780	2500	103	1700	131	1959

已知隧道洞身开挖Ⅴ类围岩占90%,Ⅱ类围岩占10%,弃渣平均运距为3km。

问题

请根据上述资料列出本明洞工程造价所涉及的相关定额的名称、单位、定额代号、数量等内容,并编制造价细目表,需要时应列式计算或文字说明。

要点分析

本案例主要考核明洞的施工工艺及定额应用,明洞开挖按路基工程开挖套用定额计价。

明洞是采用明挖方法施工的隧道工程。在修建隧道洞口工程时,往往需要修筑一定长度的明洞,在路基或隧道洞口受不良地质、边坡塌方、岩堆、落石、泥石流等危害影响又不易避开清理的地段,以及为了保证洞口的自然环境而延伸隧道洞口时,需设置明洞。

参考答案

Ⅴ类围岩按开挖土方计算:$8780 \times 0.9 = 7902(m^3)$
Ⅱ类围岩按开挖石方计算:$8780 \times 0.1 = 878(m^3)$
该明洞工程造价所涉及的相关定额的名称、单位、定额代号、数量等内容,见表3-10。

明洞工程造价预算分项表　　　　　　表3-10

序号	工程细目			定额代号	单位	数量	定额调整或系数
1	开挖	土质	$2m^3$挖掘机挖装	1-1-9-8	1000m^3	7.902	
2			12t自卸汽车运输 第一个1km	1-1-11-7	1000m^3	7.902	
3			增运2km	1-1-11-8	1000m^3	7.902	4

续上表

序号	工程细目			定额代号	单位	数量	定额调整或系数
4	开挖	石质	开炸石方	1-1-14-5	1000m³	0.878	
5			2m³ 装载机装石方	1-1-10-8	1000m³	0.870	
6			12t 自卸汽车运输 第一个1km	1-1-11-21	1000m³	0.878	
7			12t 自卸汽车运输 增运2km	1-1-11-22	1000m³	0.878	系数:4
8	明洞修筑		混凝土	3-1-18-4	10m³	250+170=420	
9			钢筋	3-1-18-5	1t	103+131=234	
10			混凝土拌和	4-11-11-18	100m³	42	系数:1.02
11			混凝土运输	4-11-11-24	100m³	42	系数:1.02
12	回填		回填碎石	3-1-19-3	10m³	195.9	

案例 12

背景材料

某隧道(含进出口各接长8m明洞)长6800m,洞身设计开挖断面积为160m²,其中通过斜井开挖正洞长1400m,坡度为10。围岩等级为Ⅳ级。

问题

请计算该隧道正洞开挖及出渣的工程量,编制该工程造价预算表,并在表中填写预算定额工程细目名称、单位、定额代号、数量及调整系数。

要点分析

本案例主要考核隧道及斜井开挖和出渣的换算长度,以及根据换算长度套用和调整定额的方法。

参考答案

正洞开挖长度:$6800 - 8 \times 2 = 6784(m)$

Ⅳ级围岩开挖工程量:$6784 \times 160 = 1085440(m^3)$

进出口出渣开挖长度:$6784 - 1400 = 5384(m)$

进出口出渣换算隧道长度：$6784-1400=5384(\text{m})$

进出口出渣工程量：$5384\times160=861440(\text{m}^3)$

斜井出渣工程量：$1400\times160=224000(\text{m}^3)$

隧道正洞开挖及出渣涉及的定额细目名称、单位、定额代号、数量及调整系数见表3-11。

隧道正洞开挖及出渣分项工程预算表　　表3-11

工程项目	定额代号	单位	数量	定额调整或系数
正洞开挖	3-1-3-28	100m³	10854.4	
正洞开挖	3-1-3-34	100m³	10854.4	系数:2
进出口出渣	3-1-3-56	100m³	8614.4	
进出口出渣	3-1-3-59	100m³	8614.4	系数:1
斜井出渣(正洞)	3-1-3-47	100m³	2240	
斜井出渣(斜井)	3-1-3-68	100m³	2240	

案例 13

背景材料

某大桥桥宽26m，同路基宽。桥长1216m，两岸各接线500m，地势较为平坦（土石方填挖计入路基工程，预制场建设不考虑土石方的填挖）。桥梁跨径$12\times30\text{m}+6\times40\text{m}+20\times30\text{m}$，为先简支后连续预应力混凝土T形梁结构，每跨布置预制T形梁14片。其中30m预应力T形梁梁高180cm、底宽40cm、顶宽160cm，40m预应力T形梁梁高240cm、底宽50cm、顶宽160cm。T形梁预制、安装工期均按8个月计算，预制安装存在时间差，按1个月考虑。吊装设备考虑1个月安拆时间，每片梁预制周期按10d计算。施工组织设计提出采用20m跨度、12m高龙门吊机进行吊装作业，每套质量43.9t（每套2台），采用40m梁双导梁架桥机，全套质量165t。该案例不考虑混凝土搅拌站的安拆。上部结构的主要工程量见表3-12。

上部结构的主要工程量表　　表3-12

工程项目		单位	数量	备注
40m预制T形梁	C50混凝土	m³	2520	
	光圆钢筋	t	50.4	
	带肋钢筋	t	403.2	
	钢绞线	t	92.4	OVM锚15-7:672套

续上表

工程项目		单位	数量	备注
30m预制T形梁	C50混凝土	m³	8960	
	光圆钢筋	t	179.2	
	带肋钢筋	t	1433.6	
	钢绞线	t	289.9	OVM锚15-7;3136套
湿接缝	C50混凝土	m³	784	
	光圆钢筋	t	23.52	
	带肋钢筋	t	141.12	
	钢绞线	t	137.9	长度20m内, BM锚15-5;3920套

问题

请列出该桥梁工程上部结构的施工图预算所涉及的相关定额的名称、单位、定额代号、数量、定额调整等内容,编制分项工程预算细目表,需要时请列式计算或用文字说明。

要点分析

本案例主要考核桥梁工程施工中辅助工程的计算。

桥梁按长度分类见表3-13。

桥梁按长度分类　　　　　表3-13

桥涵分类	特大桥	大桥	中桥	小桥	涵洞
多孔跨径总长 L(m)	$L>1000$	$100 \leq L \leq 1000$	$30<L<100$	$8 \leq L \leq 30$	—
单孔跨径 L_k(m)	$L_k>150$	$40 \leq L_k \leq 150$	$20 \leq L_k<40$	$5m \leq L_k<20m$	$L_k<5$

预制场一般按工期要求计划可以周转的次数,确定需要修建的座数。预制场的选址要求场地平整、硬化,地基承载力及环境要求根据实际情况考虑。

参考答案

(1)预制底座计算

预制30m预应力T形梁数量:$(12+20) \times 14 = 448$(片)

预制40m预应力T形梁数量:$6 \times 14 = 84$(片)

T形梁的预制工期为8个月,每片梁预制需用10d时间,所以需要底座的数量为:

30mT形梁底座:$448 \times 10 \div 8 \div 30 = 18.7$,取19个;

40mT形梁底座:$84 \times 10 \div 8 \div 30 = 3.5$,取4个。

根据《公路工程预算定额》(JTG/T 3828—2018),可查得平面底座面积计算公式:

底座面积 = (梁长 + 2.00m) × (梁宽 + 1.00m) = 19 × (30 + 2) × (1.6 + 1) + 4 × (40 + 2) × (1.6 + 1) = 2017.6(m²)

(2)吊装设备

桥梁两端地势较为平坦,可作为预制场,因此考虑就近建设预制场。考虑运梁及安装,底座方向按顺桥向布置,每排布置 4 个底座,净间距 2.5m,排列宽度为 4 × 2.6 + 3 × 2.5 = 17.9(m)。龙门起重机 20m 跨度,12m 高,布置 2 套。架桥机按 40m 梁考虑,采用双导梁架桥机。

因预制、安装存在 1 个月的时间差,再考虑 1 个月安拆时间,龙门架的设备摊销时间按 10 个月计算,根据《公路工程预算定额》(JTG/T 3828—2018)第四章说明中规定龙门架设备摊销费为每月摊销费 140 元/月,故龙门架的设备摊销费调整为 1400 元;架桥机设备摊销费为每月摊销费 180 元/月,架桥机的设备摊销时间按 9 个月计算,定额中设备摊销费调整为 1620 元。

(3)临时轨道及其他

根据施工组织设计,存梁区长度考虑 80m,因此预制场的长度取 300m。

考虑到运输的方便,预制场与桥头直接相连,同时考虑架桥机拼装长度,按两孔跨径计 80m,则路基上轨道长度为 (300 + 80 × 2) × 2 = 920(m)。

桥上轨道长度按梁板全长减一跨考虑,即:(1216 − 30) × 2 = 2372(m)。

临时轨道摊销时间按 10 个月考虑,设备摊销费应调整为 2021.8 ÷ 4 × 10 = 5054.5(元)。

考虑到拌和、堆料、加工、仓储、办公、生活等的需要,预制场范围再增加 200m,所以,平整场地的面积为 26 × (300 + 200) = 13000(m²)。

场地硬化的面积为 300 × 26 − 2017.6 = 5782.4(m²)。

全部铺 15cm 砂砾后,水泥混凝土硬化厚 10cm。

(4)预制构件的平均运输距离

①30mT 形梁:

单片质量:8960 ÷ 448 × 2.5 = 50(t)

平均运距:[(20 × 30 ÷ 2) × 20 + (20 × 30 + 6 × 40 + 12 × 30 ÷ 2) × 12] ÷ (20 + 12) = 570(m)

②40mT 形梁:

单片质量:2520 ÷ 84 × 2.5 = 75(t)

平均运距:[(20 × 30 + 6 × 40 ÷ 2) × 6] ÷ 6 = 720(m)

(5)预应力钢绞线每吨束数 40m 以内

(672 + 3136) ÷ 2 ÷ (92.4 + 289.9) = 4.98(束/t)

4.98 − 3.82 = 1.16(束/t)

(6)预应力钢绞线每吨束数 20m 以内

3920 ÷ 2 ÷ 137.9 = 14.21(束/t)

14.21 − 8.12 = 6.09(束/t)

(7) 计算混凝土拌和数量

$(8960+2520) \times 1.01 + 784 \times 1.02 = 12394.5(m^3)$

(8) 定额选用及数量(表3-14)

桥梁工程上部结构预算定额选用及数量表　　　　　　表3-14

工程细目		定额代号	单位	数量	定额调整或系数
T梁预制	混凝土	4-7-14-1	10m³	1148.0	
	钢筋	4-7-14-3	1t	2231.04	增加光圆钢筋,光圆、带肋钢筋比例调为0.116∶0.909
T梁安装	双导梁安装	4-7-14-9	10m³	1148.0	
钢绞线	30m、40mT梁 每吨3.82束	4-7-19-17	1t	382.3	
	30m、40mT梁 每增减1束	4-7-19-18	1t	382.3	系数:1.16
	湿接缝 每吨8.12束	4-7-19-5	1t	137.9	锚具换为5孔
	湿接缝 每增减1束	4-7-19-6	1t	137.9	系数:6.09
出坑堆放	30m梁	4-8-2-5	100m³	89.6	
	40m梁	4-8-2-6	100m³	25.2	
30m梁运输	卷扬机牵引 第一个50m	4-8-2-5	100m³	89.6	
	卷扬机牵引 每增运50m	4-8-2-16	100m³	89.6	系数:11
40m梁运输	卷扬机牵引 第一个50m	4-8-2-6	100m³	25.2	
	卷扬机牵引 每增运50m	4-8-2-17	100m³	25.2	系数:14
湿接缝	混凝土	4-7-14-10	10m³	78.4	
混凝土搅拌及运输	混凝土搅拌	4-11-11-15	100m³	123.945	
	混凝土运输	4-11-11-26	100m³	123.945	
预制场	场地压实	1-1-5-4	1000m²	13.0	
	场地硬化(砂砾厚15cm)	1-2-12-2	1000m³	0.867	
	场地硬化(混凝土厚10cm)	4-11-5-6	10m³	57.82	
	大型预制构件底座	4-11-9-1	10m²	201.76	
吊装设备	龙门吊	4-7-28-4	10t	8.78	设备摊销费调整为1400元
	双导梁	4-7-28-2	10t	16.5	设备摊销费调整为1620元
临时轨道	路基上	7-1-4-3	100m	9.2	10个月,设备摊销费调整为5054.5元
	桥面上	7-1-4-4	100m	23.72	

案例 14

背景材料

某5跨预应力混凝土连续梁桥,全桥长350m。0号台、5号台位于岸上,1号~4号墩均在水中,水深5.0m,河床覆盖层软土厚度约1.0m。桥台采用10根Φ2.0m钻孔灌注桩,桩长30~40m;桥墩均采用6根Φ2.5m钻孔灌注桩,桩长30~40m。承台尺寸为800cm×1850cm×300cm。施工组织考虑搭便桥进行施工(便桥费用此处不计),混凝土在岸上集中拌和、泵送施工,桩基、承台混凝土的平均泵送距离为250m。桥台钢护筒按单根长度3.5m计,桥墩钢护筒按单根长度10m计,钢套箱按150kg/m²计。经统计,施工图所列主要工程数量见表3-15。

本项目施工图主要工程数量表　　　　　　表3-15

项　目		钻孔岩层统计(m)				混凝土 (m^3)	钢筋 (t)
		砂土	砂砾	软石	次坚石		
灌柱桩	桩径2.5m	92	629	135	32	4474.5	800.7
	桩径2.0m	81	562	117	—	2198	
承台		封底混凝土(m^3)		承台混凝土(m^3)		挖基(m^3)	钢筋(t)
		888		2608		1020	234.72

注:本表中钻孔岩层统计根据地质柱状图结合桩基设计高度统计。

问题

请列出该桥基础工程施工图预算所涉及的相关定额名称、单位、定额表号、数量、定额调整等内容,需要时应列式计算或用文字说明。混凝土拌和站的安拆此处不考虑,统一在临时工程中考虑。

要点分析

本案例主要考核桩基础的施工工艺过程与造价相关的临时工程及辅助工作,包括水中施工平台、钢套箱、钢护筒工程量的计算等。

参考答案

(1)钻孔灌注桩钢护筒

陆上桩,桩径2.0m的单根护筒长度按3.5m计,共20根。

质量:$20 \times 3.5 \times 0.919 = 64.33(t)$

水中桩,桩径2.5m的单根护筒长度按10m计,共24根。

质量:$24 \times 10 \times 1.504 = 360.96(t)$

(2)水中桩基工作平台

根据承台的平面尺寸,拟定桩基工作平台平面尺寸为12m×22.5m。

面积:$12 \times 22.5 \times 4 = 1080(m^2)$

(3)钻孔桩通过的土层及桩身混凝土

一般施工图的工程数量表中不列各种土质的钻孔深度,需要造价师根据地质柱状图统计,钻孔的总深度一般与桩长不相等。此处按题意所给数量直接使用。桩身混凝土一般在设计图的数量表中给出,编制预算时按桩长和桩径验算即可。根据施工组织设计及项目的实际情况,选用4套泥浆循环系统。

(4)承台钢套箱

根据题目中给定的资料,水中钻孔灌注桩成孔长度:$92 + 629 + 135 + 32 = 888(m)$

平均桩入土长度:$888 \div 24 = 37(m)$

按设计混凝土数量反算平均桩长:$4474.5 \div (2.5 \times 2.5 \times \pi \div 4) \div 24 = 37.98(m)$

反算封底混凝土厚度:$888 \div (8 \times 18.5 \times 4) = 1.5(m)$

即平均桩长比入土深度大1m,考虑封底混凝土厚度1.5m,钢套箱底面低于河床面,应采用无底钢套箱。

由题可得,水深为5.0m,一般单壁钢套箱可按其表面积大约0.15t/m²计算,共有4个水中承台。本例钢套箱平面尺寸按承台表面尺寸计算;钢套箱高度按施工水位增加0.5m计;钢套箱入土深度根据地质情况确定,按1.0m计算。

钢套箱合计质量:$(8 + 18.5) \times 2 \times (5 + 1.0 + 0.5) \times 0.15 \times 4 = 206.7(t)$

(5)混凝土运输

根据题意,桩基、承台混凝土的泵送水平距离平均为250m。

(6)混凝土拌和

根据定额考虑桩基混凝土及承台混凝土的损耗量,来计算混凝土拌和的数量。

$(4474.5 + 2198) \times 1.197 + (888 + 2608) \times 1.04 = 11622.8(m^3)$

(7)定额选用及数量(表3-16)

定额选用及数量表　　　　　　　　　　　　　　　　　　　表3-16

工程细目		定额代号	单位	数量	定额调整或系数
钢护筒	干处	4-4-9-7	1t	64.330	
	水中	4-4-9-8	1t	360.96	
陆上钻孔, 桩径2.0m, 孔深40m	砂土	4-4-4-65	10m	8.1	
	砂砾	4-4-4-67	10m	56.2	
	软石	4-4-4-70	10m	11.7	

续上表

工程细目		定额代号	单位	数量	定额调整或系数
水上钻孔,桩径2.5m,孔深40m	砂土	4-4-4-305	10m	9.2	
	砂砾	4-4-4-307	10m	62.9	
	软石	4-4-4-310	10m	13.5	
	次坚石	4-4-4-311	10m	3.2	
泥浆循环系统		4-11-14-1	1套	4	
灌注桩混凝土		4-4-8-15	10m³	667.25	人工+0.324,混凝土泵+0.072
灌注桩钢筋		4-4-8-24	1t	800.7	
水中施工平台		4-4-10-1	100m²	10.8	
钢套箱		4-2-6-2	10t	20.67	
承台封底混凝土		4-6-1-11	10m³	88.8	人工+0.267,混凝土泵+0.048
承台混凝土		4-6-1-10	10m³	260.8	人工+0.267,混凝土泵+0.048
承台钢筋		4-6-1-13	1t	234.72	
混凝土拌和		4-11-11-15	100m³	116.228	
基坑开挖		4-1-3-3	1000m³	1.02	

案例 15

背景材料

某预应力小箱梁梁桥,桥跨组合为 22×30m,基础采用 Φ180cm 灌注桩(回旋钻法),除 10 号墩桩基长为 45m 外,其他桩基均长为 35m。桥台采用扶壁式桥台,桥墩采用圆柱式桥墩,有系梁支撑。除 10 号墩为水中施工(水深 4~5m)外,其余均为非水中施工。混凝土采用商品混凝土,泵送。水上混凝土施工考虑便桥施工方法,便桥费用不计。桩基工期 5 个月,土方运距 5km。该分项工程造价细目见表 3-17。

本项目基础所涉及的定额、定额编号、取费类别、定额调整的相关内容 表 3-17

定额编号	定额内容	取费类别	定额调整
4-4-9-7	钢护筒干处埋设	构造物Ⅱ	
4-4-9-8	钢护筒水中埋设深5m以内	构造物Ⅱ	
4-4-10-4	桩基工作平台水深3~5m	构造物Ⅱ	

续上表

定额编号	定额内容	取费类别	定额调整
4-4-4-65	回旋钻机陆地钻孔,桩径200cm以内,孔深40m以内,砂土	构造物Ⅱ	
4-4-4-68	回旋钻机陆地钻孔,桩径200cm以内,孔深40m以内,砾石	构造物Ⅱ	
4-4-4-70	回旋钻机陆地钻孔,桩径200cm以内,孔深40m以内,软石	构造物Ⅱ	
4-4-4-72	回旋钻机陆地钻孔,桩径200cm以内,孔深40m以内,坚石	构造物Ⅱ	
4-4-4-273	回旋钻机水中钻孔,桩径200cm以内,孔深40m以内,砂土	构造物Ⅱ	
4-4-4-276	回旋钻机水中钻孔,桩径200cm以内,孔深40m以内,砾石	构造物Ⅱ	
4-4-4-278	回旋钻机水中钻孔,桩径200cm以内,孔深40m以内,软石	构造物Ⅱ	
4-4-4-280	回旋钻机水中钻孔,桩径200cm以内,孔深40m以内,坚石	构造物Ⅱ	
4-4-8-15	灌注桩混凝土回旋、潜水钻成孔(桩径250cm以内)	构造物Ⅱ	换为商品混凝土
4-4-8-24	灌注桩钢筋焊接连接主筋	构造物Ⅱ	
1-1-10-1	1m³装载机装土方	机械土方	
1-1-11-5	10t以内自卸汽车运土5km	汽车运土	+[1-1-11-6]×8

问题

请审查所列内容有何处需修正。

要点分析

本案例主要考查桥梁工程基础定额的选用及取费类别。

参考答案

存在的主要问题有:

(1)钢护筒及钢筋采用构造物Ⅱ的综合费率与规定不符,应按钢材及钢结构的综合费率计算。

(2)水中灌注桩的桩长为45m,应按孔深60m以内的成孔定额计算。

(3)桩径180cm的灌注桩成孔未按规定进行调整,根据《公路工程预算定额》(JTG/T 3832—2018)4-4-4说明,应将定额乘0.87的系数。

(4)由于灌注桩混凝土采用的是商品混凝土,按构造物Ⅱ的综合费率计算与规定不符,应按构造物Ⅲ的综合费率计算,但商品混凝土本身不参与取费。

(5)桩基钻孔平台施工期5个月,定额中原来的设备摊销费按4个月考虑,应对设备摊销费进行调整,故根据实际使用5个月将设备摊销费调整为3477.8÷4×5=4347(元)。

(6)土方采用1m³的装载机装车不合适,装载机不具备挖土能力,仅适用于平地堆置土方及材料装车,因此应配备挖掘机,按挖基坑定额计算,同时取费类别应调整为"土方"。相应地,土方运距5km,根据《公路工程预算定额》(JTG/T 3832—2018)第四章第一节中说明,土方运输应按自卸汽车增运定额计算。修改后工程定额细目见表3-18。

修改后工程定额细目表 表3-18

定额编号	定额内容	取费类别	定额调整
4-4-9-7	钢护筒干处埋设	钢材及钢结构	
4-4-9-8	钢护筒水中埋设深5m以内	钢材及钢结构	
4-4-10-1	桩基工作平台水深3~5m	构造物Ⅱ	设备摊销费调整为4347元
4-4-4-65	回旋钻机陆地钻孔,桩径200cm以内,孔深40m以内,砂土	构造物Ⅱ	0.87
4-4-4-68	回旋钻机陆地钻孔,桩径200cm以内,孔深40m以内,砾石	构造物Ⅱ	0.87
4-4-4-70	回旋钻机陆地钻孔,桩径200cm以内,孔深40m以内,软石	构造物Ⅱ	0.87
4-4-4-72	回旋钻机陆地钻孔,桩径200cm以内,孔深40m以内,坚石	构造物Ⅱ	0.87
4-4-4-281	回旋钻机水中钻孔,桩径200cm以内,孔深60m以内,砂土	构造物Ⅱ	0.87
4-4-4-284	回旋钻机水中钻孔,桩径200cm以内,孔深60m以内,砾石	构造物Ⅱ	0.87
4-4-4-286	回旋钻机水中钻孔,桩径200cm以内,孔深60m以内,软石	构造物Ⅱ	0.87
4-4-4-288	回旋钻机水中钻孔,桩径200cm以内,孔深60m以内,坚石	构造物Ⅱ	0.87
4-4-8-15	灌注桩混凝土回旋、潜水钻成孔(桩径250cm以内)	构造物Ⅲ	换为商品混凝土
4-4-8-24	灌注桩钢筋焊接连接主筋	钢材及钢结构	
4-1-3-3	单个基坑≤1500m³ 1.0m³以内挖掘机挖土	土方	
1-1-11-6	10t以内自卸汽车运土5km	运输	10

案例 16

背景材料

某高速公路有一孔径2m、台高3m、长31m钢筋混凝土盖板涵,其施工图设计主要工程量见表3-19。

钢筋混凝土盖板涵施工图设计主要工程量表 表3-19

项目	单位	工程量
基坑土方	m³	420
C20混凝土基础	m³	250
C20混凝土台墙	m³	280

续上表

项　目	单　位	工　程　量
C30 混凝土帽石	m³	0.5
C30 预制混凝土矩形板	m³	52
矩形板光圆钢筋	kg	500
矩形板带肋钢筋	kg	4500

问题

1. 简述盖板涵工程中防水层及沉降缝工程量的计算方法。

2. 请根据上述资料列出本涵洞工程造价所涉及的相关定额的名称、单位、定额代号、数量等内容,编制相应工程预算表,需要时应列式计算。混凝土运输距离考虑按 1km 计算。(本案例不考虑混凝土搅拌站的安拆)

要点分析

涵洞按照构造形式,可分为圆管涵、拱涵、盖板涵、箱涵。

本案例主要考核盖板涵工程的相关工序,确保不漏项。

涵洞沿洞身长度方向应分段设置沉降缝,以防不均匀沉降而引起涵身断裂,一般沿洞身每隔 4~6m 设一道,缝宽 10~20mm,缝内填塞沥青麻絮等具有弹性且不透水的材料。沉降缝应断开整个断面(包括基础)。为了防止雨水从路基中浸入涵洞结构,影响结构的使用寿命和安全,应在涵洞洞身及端墙基础面以上被土掩埋部分的表面设置防水层。

参考答案

问题 1:

防水层:若防水层只涂盖板,采用沥青防水层,其数量为 31(涵长) × 2(跨径) = 62(m²)。

沉降缝:按平均 5m 间距设置一道沉降缝,填缝深度按 15cm 考虑,则数量为 31 ÷ 5 − 1 = 5.2(道),共设 5 道沉降缝。

沉降缝按两侧对称考虑设置,总面积为 5 × 3 × 0.15 × 2 = 4.5(m²)。

问题 2:

根据定额考虑盖板涵钢筋混凝土的损耗量,混凝土拌和及运输的数量为:(250 + 280 + 0.5) × 1.02 + 52 × 1.01 = 593.63(m³)

本涵洞工程造价涉及的定额细目名称、单位、定额代号、数量、调整系数见表 3-20。

本项目分项工程预算表　　　　　　　　　　　　　　　　表 3-20

工程项目	定额代号	单位	数量	定额调整或系数
基坑开挖	4-1-3-3	1000m³	0.42	
C20 混凝土基础	4-6-1-1	10m³	25	C15 混凝土调整为 C20
C20 混凝土台墙	4-6-2-2	10m³	28	
C30 混凝土帽石	4-6-3-1	10m³	0.05	
预制 C30 混凝土矩形板	4-7-9-1	10m³	5.2	
安装矩形板	4-7-10-1	10m³	5.2	
矩形板钢筋	4-7-9-3	1t	5.0	调整钢筋比例分别为 0.103∶0.922
防水层(涂沥青)	4-11-4-5	10m²	6.2	
沉降缝	4-11-1-1	10m²	0.45	
混凝土搅拌机拌和	4-11-11-3	10m³	59.36	
混凝土运输	4-11-11-26	100m³	5.936	

案例 17

背景材料

某高速公路有一 Φ1.5m 的钢筋混凝土圆管涵,涵管壁厚为 15cm,涵长为 32.5m[13×2.5＝32.5(m)]。其施工图设计的工程量见表 3-21。

Φ1.5m 钢筋混凝土圆管涵施工图设计工程量表　　　表 3-21

涵身		涵身基础		洞口					挖土方
钢筋	混凝土	混凝土	砂砾石	混凝土帽石	浆砌片石端墙与基础	浆砌片石锥坡与基础	浆砌片石隔水墙与基础	砂浆勾缝	
kg	m³	m³	m³	m³	m³	m³	m³	m²	m³
2751	25	109	66	3	29	27	13	45	2174

注:混凝土构件和土方的平均运距为 1km,不考虑预制场设施。

问题

1. 简述圆管涵工程中防水层及沉降缝工程量的计算方法。

2. 请列出该涵洞工程造价所涉及的相关定额的名称、单位、定额代号、数量等内容,并编制相应定额预算表。需要时应列式计算。

要点分析

本案例主要考核圆管涵工程的施工工序,确保不漏项。

圆管涵(图3-1)由洞身及洞口两部分组成。洞身是过水孔道的主体,主要由管身、基础、接缝组成。洞口是洞身、路基和水流三者的连接部位,主要有八字墙和一字墙两种洞口形式。

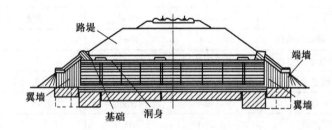

图 3-1　圆管涵结构图

参考答案

问题1:

(1)每节涵管的质量。钢筋混凝土的设计密度为 2.5t/m^3,所以每节涵管的质量为 $25 \times 2.5 \div 13 = 4.81(\text{t})$。

因此,管节运输应选用载重质量为6t以内的载货汽车。

(2)涵管接头采用沥青麻絮填塞:$1.8 \times \pi \times 12 \times 0.01 = 0.68(\text{m}^2)$

(3)涵管涂防水层沥青:$1.8 \times \pi \times 32.5 = 183.78(\text{m}^2)$

问题2:

本圆管涵工程造价预算细目见表3-22。

本项目分项工程预算表　　　　　表3-22

工程细目		定额代号	单位	数量	定额调整或系数
挖掘机挖基坑土方		4-1-3-3	1000m³	2.174	
自卸汽车运土方(1km)		1-1-11-8	1000m³	2.174	系数:2
涵身基础	涵管砂砾石基础垫层	4-11-5-1	10m³	6.6	
	现浇管座混凝土	4-7-5-5	10m³	10.9	
	混凝土拌和	4-11-11-15	100m³	1.09	系数:1.02
	混凝土运输	4-11-11-24	100m³	1.09	系数:1.02

续上表

工程细目		定额代号	单位	数量	定额调整或系数
涵身	预制圆管管节	4-7-4-2	10m³	2.5	
	混凝土拌和	4-11-11-15	100m³	0.25	系数:1.01
	混凝土运输	4-11-11-24	100m³	0.25	系数:1.01
	预制管节钢筋	4-7-4-3	t	2.751	
	安装圆管涵	4-7-5-4	10m³	2.5	
	载货汽车运输管节	4-8-3-8	100m³	0.25	
	涵管接头沥青麻絮填塞	4-11-1-1	10m²	0.068	
	涵管防水沥青	4-11-4-5	10m²	18.378	
洞口	浆砌片石端墙与基础	4-5-2-4	10m³	2.9	
	浆砌片石锥坡与基础	4-5-2-7	10m³	2.7	
	浆砌片石隔水墙与基础	4-5-2-1	10m³	1.3	
	砂浆勾缝	4-11-6-1	100m²	0.45	
	预制帽石	4-7-25-1	10m³	0.3	
	安装帽石	4-7-26-1	10m³	0.3	
	混凝土拌和	4-11-11-15	100m³	0.03	系数:1.01
	混凝土运输	4-11-11-24	100m³	0.03	系数:1.01

注：挖基坑土方运距1km，根据《公路工程预算定额》（JTG 3832—2018）第四章第一节中说明，远运应按自卸汽车增运定额计算。

案例18

背景材料

某钢筋混凝土拱涵，标准跨径4m，涵台高3m，洞口为八字墙，涵洞长度为54m，拱部的断面为半圆形，厚度为35cm。拱部外表面涂沥青防水层，其施工设计图工程量见表3-23。

钢筋混凝土拱涵施工设计图工程量表　　　　表3-23

项　目		单　位	工　程　量
挖基坑	土方（干处）	m³	500
	石方（干处）	m³	220
M7.5浆砌片石	基础	m³	600
	涵底、洞口铺砌	m³	80

续上表

项 目		单 位	工 程 量
M7.5浆砌块石	台、墙	m³	800
2cm水泥砂浆抹面		m²	60
混凝土帽石		m³	3
现浇拱	C25混凝土	m³	129
	钢筋	t	18
砂砾垫层		m³	450

问题

某造价工程师编制的施工图预算见表3-24,请问该造价文件中存在哪些问题？根据你的理解改正这些问题,需要时应列式计算或说明。

钢筋混凝土拱涵分项工程预算表　　　　表3-24

工程细目名称		定额代号	单 位	工程量	定额调整或系数
挖基坑(干处)	土方	4-1-3-2	1000m³	0.5	
	石方	4-1-3-9	1000m³	0.22	
M7.5浆砌片石	基础	4-5-2-1	10m³	60	
	涵底、洞口铺砌	4-5-2-1	10m³	8	
2cm水泥砂浆抹面		4-11-6-17	100m²	0.6	
M7.5浆砌块石台、墙		4-5-3-3	10m³	80	
混凝土帽石		4-6-3-2	10m³	0.3	
二铰肋拱混凝土		4-6-12-7	10m³	12.9	混凝土C20换为C25
现浇拱钢筋		4-6-12-8	1t	18	
砂砾垫层		4-11-5-1	10m³	45	

要点分析

本案例主要考核涵洞工程的施工工序,确保不漏项。

拱涵是涵洞通道中的一种常见形式,用于水或人以及小型机车由道路下面穿越,采用拱形顶板,分为石拱涵、钢筋混凝土拱涵等。拱涵结构有良好的抗压性能,适合涵洞上部填土路堤较高的情况。拱涵主要由涵身和洞口构成,涵身主要由拱圈、护拱、侧墙、涵台、基础和伸缩缝等构成;常用的洞口形式为八字墙或一字墙。

参考答案

(1)拱涵拱圈混凝土定额套用二铰肋拱不合适,应按板拱定额计价。

(2)漏计拱涵拱盔及支架:$54 \times 4 = 216(m^2)$。

(3)漏计防水层(拱涵应计算全断面):应按半圆形拱外周弧长乘涵长计算,防水层采用沥青 $54 \times (4 + 0.35 \times 2) \times \pi \div 2 = 398.7(m^2)$。

(4)漏计沉降缝:按涵长平均5m设一道沉降缝,填缝深度按10cm考虑,则其数量为 $54 \div 5 - 1 = 9.8$(道),按10道计算。$10 \times (4 \times \pi \div 2 + 3 \times 2 + 4) \times 0.1 = 16.3(m^2)$。

(5)漏计混凝土拌和及运输:$(3 + 129) \times 1.02 = 134.64(m^3)$。

(6)定额编号4-5-3-3为浆砌块石实体式墩,实际应为浆砌块石实体式台、墙,定额编号应为4-5-3-4。

(7)混凝土帽石定额套用错误。应按照预制混凝土帽石来套用定额。

修改后的预算见表3-25。

钢筋混凝土拱涵分项工程预算表 表3-25

工程细目名称		定额代号	单 位	工程量	定额调整或系数
挖基坑(干处)	土方	4-1-3-2	1000m³	0.5	
	石方	4-1-3-9	1000m³	0.22	
M7.5浆砌片石	基础	4-5-2-1	10m³	60	
	涵底、洞口铺砌	4-5-2-1	10m³	8	
2cm水泥砂浆抹面		4-11-6-17	100m²	0.6	
M7.5浆砌块石台、墙		4-5-3-4	10m³	80	
预制帽石		4-7-25-1	10m³	0.3	
安装帽石		4-7-26-1	10m³	0.3	
运输帽石		4-8-3-2	100m³	0.03	
二铰板拱混凝土		4-6-12-6	10m³	12.9	混凝土C20换为C25
250L以内混凝土搅拌机		4-11-11-1	10m³	13.464	
1t机动翻斗车运混凝土第一个100m		4-11-11-20	100m³	1.3464	
二铰(肋)板拱钢筋		4-6-12-8	1t	18	
砂砾垫层		4-11-5-1	10m³	45	
拱涵拱盔及支架跨径4m以内		4-9-1-2	100m²	2.16	
涂沥青防水层		4-11-4-5	10m²	39.87	
沥青麻絮沉降缝		4-11-1-1	10m²	1.63	

案例 19

背景材料

某高速公路某路段由于交通量增长、弯道多、天气状况恶劣等原因,交通事故频发,故对该事故路段下坡方向中分带护栏新设三波加强型护栏，对立柱进行加密，加密后间距为2m，采用打入式立柱，采用Gr-SB-2E形式的护栏；并且全线新增12处双柱式交通标志牌，施工设计数量见表3-26和表3-27。

波型钢护栏设计数量表 表3-26

工程名称	长度(m)	立柱(kg)	护栏板(kg)	撑架(kg)
波型钢护栏	3740	116332.7	95370	34752.1

双柱式标牌设计数量表 表3-27

工程名称	立柱及立柱连接附件(kg)	板面及板面连接附件(kg)	C25 混凝土(m^3)	钢筋(kg)	垫层(m^3)
双柱式标牌	11236.2	2534.1	69.1	2316.4	11.5

问题

请列出该路段中交通工程施工图预算所涉及的相关定额名称、单位、定额表号、数量、定额调整等内容，并编制工程造价定额预算表，需要时应列式计算或用文字说明。

要点分析

(1) 护栏的代号由护栏构造形式代号、防撞等级代号、埋设条件代号三部分组成。

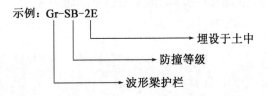

路侧护栏按防撞等级可分为 B、A、SB、SA、SS 共 5 级。
中央分隔带护栏按防撞等级可分为 Am、SBm、Sam 共 3 级。
埋入土基中的立柱的施工方法分为打入法、挖埋法、钻孔法。

(2) 交通标志
按作用分：主标志（指路标志、警告标志、禁令标志、指示标志）、辅助标志。
按使用材料分：钢筋混凝土标志、金属标志。金属标志又分为铝合金标志和钢板标志两种。钢筋混凝土标志一般用于三、四级公路和农村公路。
按显示位置分：路侧、车行道上方。对应的支撑结构形式为柱式、悬臂式、门架式、附着式。

(3)关于标志牌计价工程量的计量原则

立柱质量按立柱、横梁法兰盘等的总质量计算;面板质量按面板、加固槽钢、抱箍、螺栓滑块等的总质量计算。

金属标志牌安装定额中标志牌的立柱和面板均按成品构件考虑,定额中已综合考虑了成品构件从工地仓库至安装现场的运输,以及安装时需要的小型施工机具和辅助材料等的消耗,使用定额时不应再另行计算。

参考答案

波型钢板工程量为 95370 + 34752.1 = 130122.1(kg)。

本项目所涉及的定额、定额编号、取费类别、定额调整的相关内容见表3-28。

定额选用及数量表 表3-28

工程细目名称		定额代号	单位	工程量	工程类别	定额调整或系数
波型钢护栏	立柱	5-1-2-3	1t	116.333	钢材及钢结构	
	钢板	5-1-2-5	1t	130.122	钢材及钢结构	
双柱式标志牌	基础垫层	4-11-5-6	10m³ 实体	1.150	构造物Ⅰ	
	基础钢筋	5-1-4-2	1t 钢筋	2.316	钢材及钢结构	
	基础混凝土	5-1-4-1	10m³ 实体	6.910	构造物Ⅰ	
	立柱	5-1-4-5	10t	1.124	钢材及钢结构	
	面板	5-1-4-6	10t	0.253	钢材及钢结构	

注:可根据设计的重量调整立柱、标志板等的定额消耗,本例题未进行调整。

案例 20

背景材料

某高速公路路基土、石方工程,有一段挖土方计普通土 2000000m³,平均运距50m,采用推土机推土施工。该工程地处平原微丘区。土方措施费Ⅰ费率为4.652%,措施费Ⅱ(施工辅助)费率为0.521%,现场经费综合费率为39.963%(其中:规费费率为36.3%,企业管理费费率为3.663%),利润率为7.42%,税金为9%。初步设计概算编制时工程所在地的各类预算单价按2018年定额基价增加10%计算。人工费按102.5元/工日计算。相关定额数据见表3-29和表3-30。

推土机推运土方定额数据表　　　　　　　　　　　　表 3-29

序号	定额代号	名称	单位	基价（元）	人工消耗（工日）	人工基价（元/工日）	机械消耗（台班）	机械基价（元/台班）
1	1-1-11-6	135kW 以内推土机推普通土 40m	1000m³ 天然密实方	4184	10.300	106.28	1.930	1600.59
2	1-1-11-8	135kW 以内推土机推土每增运 10m	1000m³ 天然密实方	640	0.300	106.28	0.380	1600.59

135kW 以内履带式推土机　　　　　　　　　　　　表 3-30

不变费用					可变费用			养路费车船税
折旧费	检修费	维护费	安拆辅助费	合计	机械工（工日）	动力燃料（柴油）	合计	
209.63	123.21	325.62	0	658.46	2	98.06	942.13	0
定额基价:1600.59 元								

问题

计算该段挖土方下列初步设计概算费用：
1. 定额直接费、直接费、措施费。
2. 建筑安装工程费。

要点分析

本案例主要考核推土机运土方定额直接费、直接费、措施费及建筑安装工程费的相关内容。

参考答案

问题 1：
定额直接费 = ∑人工消耗量 × 人工基价 + ∑(材料消耗量 × 材料基价 +
　　　　　机械台班消耗量 × 机械台班基价)　　　　　　　　　　　(3-9)
　　　　＝ 2000 × (10.3 + 0.3) × 106.28 + 0 + 2000 × (1.93 + 0.38) × 1600.59
　　　　＝ 9647862（元）
直接费 = ∑人工消耗量 × 人工单价 + ∑(材料消耗量 × 材料预算单价 +
　　　　机械台班消耗量 × 机械台班预算单价)　　　　　　　　　(3-10)
　　　＝ 2000 × (10.3 + 0.3) × 102.5 + 0 + 2000 × (1.93 + 0.38) × 1665.59
　　　＝ 9868026（元）

措施费 = 定额直接费 × 施工辅助费费率 + 定额人工费和定额施工机械使用费之和 ×
其余措施费综合费率 (3-11)
= 9647862 × 0.521% + 2000 × [(10.3 + 0.3) × 106.28 + 2000 × (1.93 + 0.38) ×
1600.59] × 4.652% = 499084(元)

问题 2：
企业管理费 = 定额直接费 × 企业管理费综合费率 = 9647862 × 3.663% = 353401(元)
(3-12)
规费 = 各类工程人工费(含施工机械人工费) × 规费综合费率 (3-13)
= [2000 × (1.93 × 2 + 0.38 × 2 + 10.3 + 0.3) × 102.5] × 36.3% = 1132596(元)
利润 = [定额直接费 + 措施费 + 企业管理费] × 利润率 (3-14)
= [9647862 + 499084 + 353401] × 7.42% = 779126(元)
税金 = [直接费 + 设备购置费 + 措施费 + 企业管理费 + 规费 + 利润] × 9% (3-15)
= [9868026 + 0 + 499084 + 353401 + 1132596 + 779126] × 9% = 1136901(元)

专项费用：
定额建筑安装工程费 = 定额直接费 + 定额设备购置费 × 40% + 措施费 + 企业管理费 +
规费 + 利润 + 税金 (3-16)
= 9647862 + 0 + 499084 + 353401 + 1132596 + 779126 + 1136901
= 13548970(元)
施工场地建设费 = (定额直接费 + 定额设备购置费 × 40% + 措施费 + 企业管理费 +
规费 + 利润 + 税金) × 累进费率 (3-17)

施工场地建设费以施工场地计费基数，通过查阅《公路工程概算预算编制办法》(JTG 3820—2018)施工场地建设费费率表，按表 3-31 的费率以累进法计算。

施工场地建设费费率表　　　　表3-31

施工场地计费基数（万元）	费率（%）	算例(万元)	
		施工场地计费基数	施工场地建设费
500 及以下	5.338	500	500 × 5.338% = 26.69
500~1000	4.228	1000	26.69 + (1000 − 500) × 4.228% = 47.83
1000~5000	2.665	5000	47.83 + (5000 − 1000) × 2.665% = 154.43
5000~10000	2.222	10000	154.43 + (10000 − 5000) × 2.222% = 265.53
10000~30000	1.785	30000	265.53 + (30000 − 10000) × 1.785% = 622.53
30000~50000	1.694	50000	622.53 + (50000 − 30000) × 1.694% = 961.33
50000~100000	1.579	100000	961.33 + (100000 − 50000) × 1.579% = 1750.83
100000~150000	1.498	150000	1750.83 + (150000 − 100000) × 1.498% = 2499.83
150000~200000	1.415	200000	2499.83 + (200000 − 150000) × 1.415% = 3207.33

续上表

施工场地计费基数 （万元）	费率 （%）	算例（万元）	
		施工场地计费基数	施工场地建设费
200000~300000	1.348	300000	3207.33+(300000-200000)×1.348%=4555.33
300000~400000	1.289	400000	4555.33+(400000-300000)×1.289%=5844.33
400000~600000	1.235	600000	5844.33+(600000-400000)×1.235%=8314.33
600000~800000	1.188	800000	8314.33+(800000-600000)×1.188%=10690.33
800000~1000000	1.149	1000000	10690.33+(1000000-800000)×1.149%=12988.33
1000000 以上	1.118	1200000	12988.33+(1200000-1000000)×1.118%=15224.33

施工场地建设费 = 478300 + (13548970 − 10000000) × 2.665% = 572880(元)

安全生产费 = [建筑安装工程费(不含安全生产费本身)] × (≥1.5%)　　　　(3-18)

= (9868026 + 0 + 499084 + 353401 + 1132596 + 779126 + 1136901 + 572880) × 1.5%

= 215130(元)

建筑安装工程费 = 直接费 + 设备购置费 + 措施费 + 企业管理费 + 规费 + 利润 + 税金 +
　　　　　　　专项费用　　　　　　　　　　　　　　　　　　　　　　　　(3-19)

= 9868026 + 0 + 499084 + 353401 + 1132596 + 779126 + 1136901 + 572880 + 215130

= 14557144(元)

案例 21

背景材料

某大桥为 5×25m 预应力混凝土分体小箱梁桥，桥梁全长 133m，下部构造采用重力式桥台和柱式桥墩，桥台高 8.6m，桥墩高 9.1m。

桥梁下部结构主要工程数量为：U 形桥台 C30 混凝土 487.8m³，台帽 C40 混凝土 190.9m³；柱式桥墩立柱 C40 混凝土 197.7m³，盖梁 C40 混凝土 371.7m³。施工要求采用集中拌和运输，混凝土拌和场设在距离桥位 500m 的一片荒地，拌和站采用 40m³/h 的规格，拌和站安拆及场地费用不计。

问题

1. 根据给定桥梁下部结构相关清单子目号、子目名称见表 3-32，编制桥梁下部结构工程量清单。

2. 在相应的清单子目下套取定额,并计算定额用量。

桥梁下部结构工程量清单　　　　　　　　　　　　表3-32

子目号	子目名称	子目号	子目名称
410-2	混凝土下部结构	410-2-c	盖梁混凝土
410-2-a	桥台混凝土	410-2-d	台帽混凝土
410-2-b	桥墩混凝土		

要点分析

本案例主要考核工程量清单编制和清单控制价的编制。

参考答案

问题1:

该桥梁下部结构工程量清单见表3-33。

桥梁下部结构工程量清单　　　　　　　　　　　　表3-33

子目号	子目名称	计量单位	工程数量
410-2	混凝土下部结构		
410-2-a	桥台混凝土		
410-2-a-1	C30混凝土台身	m^3	487.8
410-2-b	桥墩混凝土		
410-2-b-1	C40混凝土桥墩	m^3	197.7
410-2-c	盖梁混凝土		
410-2-c-1	C40混凝土盖梁	m^3	371.7
410-2-d	台帽混凝土		
410-2-d-1	C40混凝土台帽	m^3	190.9

问题2:

清单子目套取定额见表3-34~表3-37。

410-2-a-1 C30混凝土台身预算细目表　　　　　　　　表3-34

工程细目	定额代号	费率	单位	数量	定额调整或系数
梁板桥实体式墩台高10m以内	4-6-2-4	构造物Ⅱ	$10m^3$	48.78	片C15-32.5-8换普C30-32.5-4
混凝土搅拌站拌和（$40m^3/h$以内）	4-11-11-14	构造物Ⅱ	$100m^3$	4.878	系数:1.02
$6m^3$搅拌运输车混凝土第一个1km	4-11-11-24	运输	$100m^3$	4.878	系数:1.02

410-2-d-1 C40 混凝土台帽预算细目表　　　　表 3-35

工程细目	定额代号	费率	单位	数量	定额调整或系数
墩、台帽混凝土非泵送	4-6-3-1	构造物Ⅱ	10m³	19.09	普 C30-32.5-4 换普 C40-32.5-4
混凝土搅拌站拌和（40m³/h 以内）	4-11-11-14	构造物Ⅱ	100m³	1.909	系数：1.02
6m³ 搅拌运输车混凝土第一个 1km	4-11-11-24	运输	100m³	1.909	系数：1.02

410-2-b-1 C40 混凝土桥墩预算细目表　　　　表 3-36

工程细目	定额代号	费率	单位	数量	定额调整或系数
圆柱式墩台混凝土非泵送 10m 以内	4-6-2-12	构造物Ⅱ	10m³	19.77	普 C25-32.5-4 换普 C40-32.5-4
混凝土搅拌站拌和（40m³/h 以内）	4-11-11-14	构造物Ⅱ	100m³	1.977	系数：1.02
6m³ 搅拌运输车混凝土第一个 1km	4-11-11-24	运输	100m³	1.977	系数：1.02

410-2-c-1 C40 混凝土盖梁预算细目表　　　　表 3-37

工程细目	定额代号	费率	单位	数量	定额调整或系数
盖梁混凝土非泵送 10m 以内	4-6-4-1	构造物Ⅱ	10m³	37.17	普 C30-32.5-4 换普 C40-32.5-4
混凝土搅拌站拌和（40m³/h 以内）	4-11-11-14	构造物Ⅱ	100m³	3.717	系数 1.02
6m³ 搅拌运输车混凝土第一个 1km	4-11-11-24	运输	100m³	3.717	系数 1.02

案例 22

背景材料

某高速公路 K362+000—K436+000 段，路面宽 36m，因政府要求对原道路提档升级打造，提高该路段的舒适性和路容路貌，需要对原道路铣刨并重新摊铺。原道路存在病害地段，因此必须采取病害处理维修措施，提高路面质量、行车条件，延长使用寿命，适应经济发展的需要。维修面积为 47.88 万 m^2，损坏严重路段长 3.1km，损坏中等路段 6km，损坏一般路段 4.2km。主维修方案是：针对损坏严重路段采取铣刨三层重铺三层方案，损坏中等路段采取铣刨两层重铺两层方案，损坏轻度路段采取铣刨一层重铺一层方案。同时对路面缺失标线进行恢复，补画标线面积为 $1630m^2$，重铺沥青混合料平均运距为 6km，铣刨原路面废弃料平均运距为 3.8km，原路面结构层如图 3-2 所示。

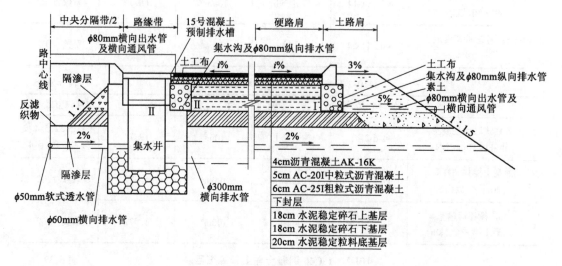

图 3-2　原路面结构图

问题

请根据上述资料列出本养护工程造价所涉及的相关定额的名称、单位、定额代号、数量等内容，并编制工程项目预算细目表，需要时应列式计算或文字说明。

要点分析

公路建设项目养护工程预算定额的编制，可以合理制定公路养护工程量的计价规则，科学管理和确定公路养护资金量，有效计算公路养护工程项目的人工、材料和机械的消耗量，并对维修保养预算经费进行核定，为保障资金到位提供政策依据和标准。交通运输部《公路养护工程管理办法》（交公路发〔2018〕33号）中规定："养护工程管理工作实行统一领导，分级负责。交通运输部负责全国养护工程管理工作的指导和监督，地方各级交通运输主管部门或公路管理机构，依据省级人民政府确定的对国道和省道的管理职责，主管本行政区域内的养护管理工作"。然而目前针对养护工程造价，全国没有统一的养护工程计价定额。本案例参照《内蒙古自治区高速公路养护工程预算编制办法及定额》(DB 15/T 839—2015)、《内蒙古自治区公路养护工程预算编制办法(2018)》、《内蒙古公路养护预算定额(2018)》，举例说明如何规划、确定公路养护工程成本。

参考答案

(1) 计算铣刨路面工程量：

损坏严重路段：$3.1 \times 1000 \times 36 \times (0.04 + 0.05 + 0.06) = 16740 (m^3)$

损坏中等路段：$6 \times 1000 \times 36 \times (0.04 + 0.05) = 19440 (m^3)$

损坏一般路段：$4.2 \times 1000 \times 36 \times 0.04 = 6048 (m^3)$

铣刨路面废料共计：$16740 + 19440 + 6048 = 42228 (m^3)$

(2) 重铺沥青混凝土工程量：

4cm AK-16K 沥青混凝土：$(3.1 + 6 + 4.2) \times 1000 \times 36 \times 0.04 = 19152 (m^3)$

5cm AC-20I 中粒式沥青混凝土：$(3.1 + 6) \times 1000 \times 36 \times 0.05 = 16380 (m^3)$

6cm AC-25I 粗粒式沥青混凝土：$3.1 \times 1000 \times 36 \times 0.06 = 6696 (m^3)$

黏层工程量：$(3.1 + 6 + 4.2) \times 1000 \times 36 = 478800 (m^2)$

(3) 计算养护工程作业布置区工程量：

根据交通运输部《公路养护安全工作规程》(JTG H30—2015)，高速公路作业区布置最小间距不小于1000m，本项目按照路线全长考虑作业区布置，作业区间距按1000m计算，故应设置74套布置区。

(4) 本养护工程造价所涉及的相关定额名称、代号、单位、数量、定额调整的相关内容见表3-38。

项目预算细目表　　　　表3-38

序号	工程细目		定额代号	单位	数量	定额调整或系数
1	铣刨机铣刨		蒙2-2-2-3	10m³	4222.8	
2	2m³内装载机装软石		预1-1-10-5	1000m³ 天然密实方	42.228	
3	15t内自卸车运石	第一个1km	预1-1-11-49	1000m³ 天然密实方	42.228	
4		增运2.8km	预1-1-11-50	1000m³ 天然密实方	42.228	6
5	石油沥青层黏层		预2-2-16-5	1000m²	478.8	
6	粗粒式拌和设备生产能力60以内t/h		蒙2-2-3-1-2	1000m³ 路面实体	6.696	
7	沥青混合料运输15t	第一个1km	预2-2-13-21	1000m³	6.696	
8		增运5km	预2-2-13-22	1000m³	6.696	10
9	中、细粒式拌和设备生产能力60以内t/h		蒙2-2-3-1-4	1000m³ 路面实体	35.532	
10	沥青混合料运输15t	第一个1km	预2-2-13-21	1000m³	35.532	
11		增运5km	预2-2-13-22	1000m³	35.532	10

续上表

序号	工程细目	定额代号	单位	数量	定额调整或系数
12	机械旧标线清除	蒙7-1-8-2	100m²	16.30	
13	热熔型标线	蒙7-1-8-6	100m²	16.30	
14	改变车流方向	蒙7-1-10-1	套·次	74	

注：《内蒙古自治区高速公路养护工程预算编制办法及定额》（DB 15/T 839—2015）定额总说明第十八条：本定额中若有缺项，可以参照交通运输部颁布的《公路工程预算定额》。

第四章

公路工程建设项目设计及施工方案技术经济分析

[学习目标]

通过本章的学习,掌握按照单位费用最低的原则选取机械型号及路基土、石方施工方法和各种机械的合理经济组合的方法;掌握利用价值工程进行设计方案评价的方法;掌握生命周期费用理论在设计、施工方案评价中的应用;掌握工程网络进度计划的调整与优化方法。

案例 1

背景材料

由某公路工程公司承担基坑土方施工,基坑深为 4.0m,土方量为 15000m^3,运土距离按平均 5km 计算,计算工期为 10d,公司现有 0.5m^3、0.75m^3、1.00m^3 液压挖掘机各 2 台及 4t、8t、15t 自卸汽车各 10 台,其主要参数见表 4-1、表 4-2。

挖掘机主要参数表　　　　表 4-1

型号	WY50	WY75	WY100
斗容量(m^3)	0.5	0.75	1.00
台班产量(m^3)	420	558	690
台班价格(元/台班)	475	530	705

自卸汽车主要参数表   表4-2

载重能力	4t	8t	15t
运距5km 台班产量(m³)	40	62	103
台班价格(元/台班)	296	411	719

问题

1. 挖掘机与自卸汽车按表中型号只能各取一种,怎样组合最经济？其每立方米土方挖、运、卸的直接费为多少元？
2. 若按两班制组织施工,则需要配备几台挖掘机和几台自卸汽车？
3. 按照确定的机械配备,完成基坑土方开挖任务需要多长时间？

要点分析

本案例主要考核土方施工过程中各种机械的合理经济组合。按单位费用最低的原则选取机械型号,计算直接费和机械需要量。

参考答案

问题1：

(1)挖掘机挖每立方米土的费用

WY50：$475 \div 420 = 1.1(元/m^3)$

WY75：$530 \div 558 = 0.95(元/m^3)$

WY100：$705 \div 690 = 1.02(元/m^3)$

(2)自卸汽车运每立方米土的费用

4t：$296 \div 40 = 7.40(元/m^3)$

8t：$411 \div 62 = 6.63(元/m^3)$

15t：$719 \div 103 = 6.98(元/m^3)$

因此,最经济的组合应该是：WY75 挖掘机与 8t 自卸汽车。其每立方米挖、运、卸的直接费为 $0.95 + 6.63 = 7.58(元/m^3)$。

问题2：

根据最经济组合,每天需要的挖掘机台数与自卸汽车的台数比例为：$558 \div 62 = 9(台)$,即每台 WY75 挖掘机配备 9 台 8t 自卸汽车。

$15000 \div (558 \times 10 \times 2) = 1.34(台)$,则需每天配备 WY75 挖掘机 2 台,8t 自卸汽车 $2 \times 9 = 18(台)$。由于该施工单位仅有 10 台 8t 自卸汽车,因此,应考虑用 15t 自卸汽车来代替,每天需 15t 自卸汽车 $8 \times 62 \div 103 = 4.82(台)$,按 5 台配备。

因此,每天需配备 WY75 挖掘机 2 台,8t 自卸汽车 10 台,15t 自卸汽车 5 台。

问题 3：
按照上述机械配备计算完成此基坑开挖工程需要的工期。
按挖掘机计算的工期为 15000÷(558×2×2)=6.72(天)
按自卸汽车计算的工期为 15000÷(62×10×2+103×5×2)=6.61(天)
因此，完成基坑土方开挖需 6.72 天。

案例 2

背景材料

某地区有一条山岭重丘区的高速公路，路基土方的挖方土为普通土，平均运距为 30m 的有 1000000m^3，平均运距为 50m 的有 1000000m^3，平均运距为 200m 的有 1000000m^3，平均运距为 3000m 的有 1000000m^3。

问题

1. 计算挖土方的平均运距。
2. 提出全部合理的机械化施工方式。
3. 提出不同机械施工方式的预算定额工程细目名称、定额表号及定额直接费。

要点分析

本案例中主要考核关于土、石方工程机械的经济运距的计算方法，以及机械规格型号的选择。通常来讲，工程量较大的土、石方施工应选择大功率或者大吨位的施工机械，工程量小的土、石方施工应该选择小功率或者小吨位的施工机械。因此，本案例可选用 135~240kW 推土机；选用 10~12m^3 铲运机；选用 12~15t 自卸汽车；选用 2~3m^3 装载机。

参考答案

问题 1：
挖土方的平均运距为：
(30×1000000+50×1000000+200×1000000+3000×1000000)÷4000000 = 820(m)
问题 2：
合理的机械化施工方式为：

平均运距 30m 和 50m 的采用推土机施工,推土机施工平均运距 40m。
平均运距 200m 的采用铲运机施工。
平均运距 3000m 的采用推土机集土、装载机装土、自卸汽车运输施工。

问题 3:
不同施工方式的预算定额工程细目名称、定额表号以及定额直接费见表 4-3。

推土机、铲运机、装载机配合自卸汽车施工预算定额工程细目表　　表 4-3

施工方式	预算定额细目名称		定额表号	数量 (1000m³)	定额基价 (元)	调整系数	定额直接费 (元)
推土机施工	165kW 以内推土机推土	第一个 20m	1-1-12-18	2000	2114	—	6652000
		每增运 10m	1-1-12-20	2000	606	2	
铲运机施工	10m³ 以内铲运机铲运土方	第一个 100m	1-1-13-6	1000	3192	—	4124000
		每增运 50m	1-1-13-8	1000	466	2	
装载机配合自卸汽车施工	165kW 以内推土机推松集土		1-1-12-18	1000	2114	0.8	9836200
	3m³ 以内装载机装土		1-1-10-3	1000	1350	—	
	15t 以内自卸汽车运土	第一个 1km	1-1-11-9	1000	4643	—	
		每增运 0.5km	1-1-11-10	1000	538	4	

案例 3

背景材料

某项目大型土方施工工程,准备采用 W3-30 轮胎式挖掘机(X_1 台)对其进行施工挖土,并且配以机动翻斗车(X_2 辆)进行运土,运距为 200m ~ 300m。挖掘机的台班费用为 150 元,翻斗车的台班费用为 80 元。当每台挖掘机搭配的翻斗车不超过 4 辆时,对该工序生产的历史数据应用回归分析法确定出工序每班产量的算式为:$Y = 70 X_1^{0.4} \times X_2^{0.8}$。现规定每班产量在 400m³ 左右。

问题

试提出该施工工序的最优机械配套组合。

要点分析

本案例中主要考核关于机械配套的最优组合方法。一般来说施工工序需要多种机械协同工作,这时机械之间数量搭配会存在多种组合方式,而不同的组合方式中一定存在着最经济的一种,这一种就称之为机械配套的最优组合。因此,一般可通过机械协同工作的每班产量计算公式,计算推导出每种机械在最优组合中的数量。

参考答案

根据机械配套的最优组合法分析,n 种机械协同工作的每班产量通常的表达式为:

$$Y = A\prod_{j=1}^{n} X_j^{q_j} \tag{4-1}$$

式中:Y——n 种机械联机生产的每班产量;

A——产量基数;

X_j——机械 j 的台数;

q_j——机械 j 的效率系数($0 < q_j < 1$)。

工序生产的每班费用为:

$$C = \sum_{i=1}^{n} B_j \cdot X_j \tag{4-2}$$

式中:C——n 中机械联机生产的每班总费用;

B_j——机械 j 的台班费用。

则机械的最优组合,就是在工序产量 Y 一定的条件下,使工序总费用 C 达到最小值的机械组合,用数学方法推导出最小费用的机械组合,即最优组合为:

$$X_j = \frac{q_j}{B_j}\left[\frac{Y}{A}\prod_{j=1}^{n}\left(\frac{B_j}{q_j}\right)^{q_j}\right]^T \tag{4-3}$$

$$T = \frac{1}{\sum_{j=1}^{n} q_j} \quad (j = 1,2,3,\cdots,n) \tag{4-4}$$

$$\min C = \sum_{j=1}^{n} B_j \cdot X_j = \frac{1}{T}\left[\frac{Y}{A}\prod_{j=1}^{n}\left(\frac{B_j}{q_j}\right)^{q_j}\right]^T \tag{4-5}$$

通过上述表达式可得最优组合时挖掘机台数:

$$X_1 = \frac{q_1}{B_1}\left[\frac{Y}{A}\left(\frac{B_1}{q_1}\right)^{q_1} \times \left(\frac{B_2}{q_2}\right)^{q_2}\right]^T = 1.77(台)$$

同理可求出机动翻斗车辆数:$X_2 = 6.64(辆)$

根据题目已知 $A = 70, q_1 = 0.4, q_2 = 0.8, B_1 = 150(元), B_2 = 80(元)$,

$$T = \frac{1}{q_1 + q_2} = \frac{1}{0.4 + 0.8} = 0.833,\text{又 } Y = 400\text{m}^3$$

则最小费用为 $\min C = 796.7$ 元/班。

挖掘机和机动翻斗车取整数,则 $X_1 = 2$ 台,$X_2 = 7$ 辆,$Y = 70 \times 2^{0.4} \times 7^{0.8} = 438(\text{m}^3/\text{班})$,每班总台班费 $C = 150 \times 2 + 80 \times 7 = 860$ 元/班。因此该施工的最优组合为选用 W3-30

轮胎式挖掘机 2 台,机动翻斗车 7 辆的机械组合,且每班产量 438m³,每班总费用为 860 元。

案例 4

背景材料

现有某水泥混凝土路面工程,总工程量为 50000m²,分散拌和,手推车运输混凝土,路面厚度 20cm。

问题

试计算在施工图设计阶段,施工进度图中该项工程所需的劳动量、生产周期以及当要求工期为 150 天时,一班制作业所需人员数量和机械台数。(假设施工队有工人 200 人,2 台真空吸水机组,2 台混凝土切缝机以及 6 台 250L 混凝土搅拌机。)

要点分析

本案例主要考核工程劳动量与生产周期的计算。所谓劳动量,就是施工过程的工程量与相应的时间定额的乘积,如劳动力数量与生产周期的乘积,机械台数与生产周期的乘积。生产周期的计算,是以施工单位现有的人力、机械的实际生产能力以及工作面大小,来确定完成该劳动量所需的持续时间(周期)。劳动量与生产周期的计算通常用到以下两个公式:

劳动量:
$$D = \frac{Q}{C} \text{ 或 } D = Q \cdot S \tag{4-6}$$

式中:D——劳动量(工日或台班);
　　　Q——工程量;
　　　C——产量定额;
　　　S——时间定额。

生产周期:
$$T = \frac{D}{R \cdot n} \text{ 或 } R = \frac{D}{t \cdot n} \tag{4-7}$$

式中:T——生产周期(即持续天数);

R——人数或机械台数；

n——生产工作班制数。

参考答案

施工图设计阶段采用《公路工程预算定额》(JTG/T 3832—2018)确定人工和机械劳动数量,其步骤如下：

(1)查找定额编号

其定额编号为[2-2-17-1]。

(2)劳动量计算

由定额编号查得人工时间定额为 174.2 工日/1000m², 则劳动量为：

$D_R = 50000 \div 1000 \times 174.2 = 8710 (工日)$

(3)机械作业量计算

由定额查得每 1000m² 的机械时间定额为：混凝土电动真空吸水机组 2.47 台班、混凝土电动切缝机 2.486 台班、250L 以内强制式混凝土搅拌机 5.28 台班,则机械的作业量如下：

混凝土电动真空吸水机组：

$D_A = 50000 \div 1000 \times 2.47 = 123.5 (台班)$

混凝土电动切缝机：

$D_B = 50000 \div 1000 \times 2.486 = 124.3 (台班)$

250L 以内强制式混凝土搅拌机：

$D_C = 50000 \div 1000 \times 5.28 = 264 (台班)$

(4)生产周期计算

因为施工队有工人 200 人,2 台真空吸水机组,2 台混凝土切缝机以及 6 台 250L 混凝土搅拌机,其生产周期计算如下：

人工：$T = D \div (R \times n) = 8710 \div (200 \times 1) = 43.55 (d)$

真空吸水机：$T = 123.5 \div (2 \times 1) = 61.75 (d)$

切缝机：$T = 124.3 \div (2 \times 1) = 62.15 (d)$

搅拌机：$T = 264 \div (6 \times 1) = 44 (d)$

得出本工程以切缝机为主导劳动量,本工程的生产周期按 63d 控制。

(5)要求工期下工人数及机械台数计算

当要求 150d 工期时,一班制工人数及机械台数计算：

人数：$R = D \div (T \times n) = 8710 \div (150 \times 1) = 58.07 (人)$

真空吸水机：$R_A = 123.5 \div (150 \times 1) = 0.823 (台班)$

切缝机：$R_B = 124.3 \div (150 \times 1) = 0.829 (台班)$

搅拌机：$R_C = 264 \div (150 \times 1) = 1.76 (台班)$

案例 5

背景材料

某桥梁工程的上部结构设计为 40m 跨径预应力混凝土 T 形梁,现有两种方案可供选择。方案一为预制安装 T 形梁,方案二为搭支架现浇 T 形梁。

已知:每片梁的混凝土体积为 25m³,每孔由 6 片梁组成;混凝土拌和站费用需要 250000 元,其设备摊销及维修费用需要 15000 元/月;现浇 T 形梁混凝土费用需要 610 元/m³,预制安装 T 形梁混凝土费用需要 720 元/m³,现浇混凝土运输费用需要 20 元/m³,预制构件运输费用需要 25 元/m³,大型预制构件底座的费用需要 26000 元,现场支架的费用需要 130 元/m³ 混凝土;现浇一孔 T 形梁的时间需要 50 天,每片梁的预制周期需要 8 天。

问题

1. 当 T 形梁混凝土体积数量是多少时,两个方案的施工成本是一致的?
2. 假设该桥梁长 405m,此时哪一个方案更经济?

要点分析

本案例主要考核工程经济学中的盈亏平衡分析法。通常来讲,盈亏平衡分析是在一定市场、生产能力及经营管理条件下,通过对产品产量、成本、利润相互关系的分析,判断企业对市场需要变化适应能力的一种不确定性分析。其中,盈亏平衡点越低,项目适应市场变化的能力就越强,项目抗风险能力也越强。

总成本计算公式为:

$$C = F + V \cdot Q + T \cdot Q \tag{4-8}$$

式中:C——总成本;
$\quad F$——固定成本;
$\quad Q$——产量;
$\quad V$——产量定额;
$\quad T$——时间定额。

参考答案

问题1：
假设当T形梁数量为 Q 片时两个方案的施工成本是一致的，则
方案一的施工成本为：$250000 + 15000 \times Q \times 8 \div 30 + 25 \times Q \times (720 + 25) + 26000$
方案二的施工成本为：$250000 + 15000 \times Q \times 50 \div 30 \div 6 + 25 \times Q \times (610 + 20 + 130)$
求得当两个方案成本相等时 $Q = 48$ 片。
则T形梁混凝土数量为 $48 \times 25 = 1200(m^3)$。
即：当混凝土数量为 $1200 m^3$ 时，两个方案的施工成本是一致的。

问题2：
两个方案的经济性比较
假设该桥梁长度为 405m 时，其孔数应为：$405 \div 40 = 10.125 \approx 10$（孔），则T形梁数量为：$10 \times 6 = 60$（片）。
此时，方案一的施工成本为：
$250000 + 15000 \times 60 \times 8 \div 30 + 25 \times 60 \times (720 + 25) + 26000 = 1633500$（元）
方案二的施工成本为：
$250000 + 15000 \times 60 \times 50 \div 30 \div 6 + 25 \times 60 \times (610 + 20 + 130) = 1640000$（元）
因此，方案一比方案二经济，即应采用预制安装的施工方案。

案例6

背景材料

某公路工程分项涵洞工程，混凝土总需要量为 $5000 m^3$，混凝土工程施工有两种方案可供选择。方案A为现场制作，方案B为购买商品混凝土。已知商品混凝土的平均单价为 410 元/m^3。现场制作混凝土的单价计算公式为：

$$C = \frac{C_1}{Q} + \frac{C_2 \times T}{Q} + C_3 \qquad (4\text{-}9)$$

式中：C——现场制作混凝土的单价（元/m^3）；
C_1——现场拌和站一次性投资，本工程投资为 200000 元；
C_2——拌和站设备的租金以及维修费（与工期有关的费用）本工程为 15000 元/月；
C_3——现场拌和混凝土所需要的费用（与混凝土数量有关的费用）为 320 元/m^3；
Q——现场拌和混凝土的数量（m^3）；
T——工期（月）。

问题

1. 考虑混凝土施工不同的工期要求条件下，A、B两个方案哪一个更经济？
2. 当混凝土施工工期为12个月时，现场制作混凝土最少为多少立方米才比购买商品混凝土更加经济？

要点分析

本案例主要考核运用给定的技术经济指标进行混凝土施工方案的比选。

参考答案

问题1：
当A、B两个方案的成本相同时，工期T满足以下关系：
$200000 \div 5000 + 15000 \times T \div 5000 + 320 = 410$
$T = (410 - 320 - 200000 \div 5000) \div 15000 \times 5000 = 16.67(月)$
由此可得到以下结论：
工期为16.67个月时，A、B两个方案成本是相同的；
当工期$T < 16.67$个月时，A方案比B方案经济；
当工期$T > 16.67$个月时，B方案比A方案经济。

问题2：
当工期为12个月时，设所需现场制作的混凝土最少数量为x，则有：
$200000 \div x + 15000 \times 12 \div x + 320 = 410$
$x = (200000 + 15000 \div 12) \div (410 - 320) = 4222.22(m^3)$
即$T = 12$个月时，现场制作混凝土的数量必须大于$4222.22 m^3$才比购买商品混凝土经济。

案例7

背景材料

在某公路桥梁的设计中，根据目前交通量情况只需要二车道，但是根据今后交通量的增加可能需要四车道，现在提出两种设计方案。方案A：现时只修建二车道，需要投资1500万元，今后再加宽两车道，需要再投资900万元；方案B：现时就修建四车道，需要投资2000万元。

问题

根据当地交通量的发展,可能在第五年末就需要四车道的桥梁,请问应该选择哪一种设计方案(折现利率为9%)。已知: $(P/F,0.09,6)=0.596$,$(P/F,0.09,7)=0.547$。

要点分析

本案例中主要考核运用工程经济学中资金时间价值概念进行方案比选的方法。资金的时间价值指的是资金的价值随着时间的变化而产生的增值。以不同施工方案的现值作为平衡点分析,选择最优的设计方案。

参考答案

按两种方案的现值作为平衡点分析,取时间(年)作为变量,设其为 x,则有:

方案 A: $P_{va}=f_1(x)=1500+900(P/F,0.09,x)$

方案 B: $P_{va}=f_2(x)=2000$

令 $f_1(x)=f_2(x)$

则: $1500+900(P/F,0.09,x)=2000$

$(P/F,0.09,x)=(2000-1500)\div 900=0.5556$

内插计算得出 $x=6.82$ 年(平衡点)。因为第五年末就需要四车道,因此,应该选择 B 方案,现在就修建四车道。

案例 8

背景材料

某桥梁工程采用价值工程的方法对该工程的设计方案和施工方案做进一步的技术经济评价,取得了良好的经济效益和社会效益。有五个设计方案,经有关专家对其进行技术经济分析和论证,得出如下资料,见表4-4、表4-5。

功能重要性评分表　　　　表4-4

方案功能	F_1	F_2	F_3	F_4	F_5
F_1	0	4	2	3	2
F_2	4	0	3	4	2
F_3	2	3	0	2	2
F_4	3	4	2	0	1
F_5	2	2	2	1	0

功能得分及单方造价表　　　　　　表4-5

方案功能	方案功能得分				
	A	B	C	D	E
F_1	9	10	9	8	7
F_2	10	9	10	9	8
F_3	9	8	7	8	10
F_4	7	9	8	7	6
F_5	8	7	8	10	9
单方造价(元/m³)	2200.00	2100.00	2000.00	1900.00	1800.00

问题

1. 计算功能重要性系数。
2. 计算功能系数、成本系数、价值系数,选择最佳设计方案。
3. 在对施工单位所提出的方案进行技术经济分析时,造价工程师提出将评价指标分为工程成本、工程工期、工程质量和其他四个方面,请对这四个方面的指标进一步细化。

要点分析

本案例主要考核工程设计阶段设计方案的评价方法和评价准则。运用价值工程进行设计方案评价分析的方法,要求根据方案的得分和功能重要性系数确定功能系数,根据单方造价确定成本系数,根据功能系数和成本系数确定价值系数并选择最佳设计方案。

参考答案

问题1:
计算功能重要性系数
方案总得分 = 11 + 13 + 9 + 10 + 7 = 50
F_1 得分 = 4 + 2 + 3 + 2 = 11,功能重要性系数 = 11 ÷ 50 = 0.22
F_2 得分 = 4 + 3 + 4 + 2 = 13,功能重要性系数 = 13 ÷ 50 = 0.26
F_3 得分 = 2 + 3 + 2 + 2 = 9,功能重要性系数 = 9 ÷ 50 = 0.18
F_4 得分 = 3 + 4 + 2 + 1 = 10,功能重要性系数 = 10 ÷ 50 = 0.20
F_5 得分 = 2 + 2 + 2 + 1 = 7,功能重要性系数 = 7 ÷ 50 = 0.14

问题2：
计算功能系数、成本系数、价值系数,选择最优设计方案
（1）计算功能系数
方案功能得分为：
$W_A = 9 \times 0.22 + 10 \times 0.26 + 9 \times 0.18 + 7 \times 0.20 + 8 \times 0.14 = 8.72$
$W_B = 10 \times 0.22 + 9 \times 0.26 + 8 \times 0.18 + 9 \times 0.20 + 7 \times 0.14 = 8.76$
$W_C = 9 \times 0.22 + 10 \times 0.26 + 7 \times 0.18 + 8 \times 0.20 + 8 \times 0.14 = 8.56$
$W_D = 8 \times 0.22 + 9 \times 0.26 + 8 \times 0.18 + 7 \times 0.20 + 10 \times 0.14 = 8.34$
$W_E = 7 \times 0.22 + 8 \times 0.26 + 10 \times 0.18 + 6 \times 0.20 + 9 \times 0.14 = 7.88$
总得分 $= 8.72 + 8.76 + 8.56 + 8.34 + 7.88 = 42.26$
功能系数计算：
$F_A = 8.72 \div 42.26 = 0.206$
$F_B = 8.76 \div 42.26 = 0.207$
$F_C = 8.56 \div 42.26 = 0.203$
$F_D = 8.34 \div 42.26 = 0.197$
$F_E = 7.88 \div 42.26 = 0.186$

（2）确定成本系数和价值系数

成本系数和价值系数计算结果见表4-6,在五个方案中,D方案价值系数最大,因此D方案为最佳设计方案。

$$价值系数 = 功能系数 / 成本系数 \qquad (4\text{-}10)$$

成本系数和价值系数计算表　　　　表4-6

方案名称	单方造价(元/m³)	成本系数	功能系数	价值系数	最佳方案
A	2200.00	0.220	0.206	0.936	
B	2100.00	0.210	0.207	0.986	
C	2000.00	0.200	0.203	1.015	
D	1900.00	0.190	0.197	1.037	最优
E	1800.00	0.180	0.186	1.033	
合计	10000.00	1.000	1.000		

问题3：
施工方案技术经济指标体系的构成
（1）工程成本包括：单位工程量成本;工程成本降低率(或成本节约额);工料节约率(或主要材料消耗指标);劳动生产率(或劳动力消耗);机械利用率。
（2）工程工期包括：工期;施工均衡性;竣工率。
（3）工程质量包括：合格品率;优良品率。

案例 9

背景材料

某公司面向社会对某桥梁工程征集到若干设计方案,经筛选后对其中较为出色的四个设计方案作全面的技术经济评价。有关专家决定从五个方面(分别以 $F_1 \sim F_5$ 表示)采用 0-4 评分法对各个方案的功能进行评价,并对各功能的重要性达成以下共识:F_2 和 F_3 同样重要,F_4 和 F_5 同样重要,F_1 相对于 F_4 很重要,F_1 相对于 F_2 较重要,有关专家对该四个方案的功能满足程度分别打分,其结果见表 4-7。

根据造价工程师估算,A、B、C、D 四个方案的单方造价分别为 1420 元$/m^3$、1230 元$/m^3$、1150 元$/m^3$、1360 元$/m^3$。

方案功能得分表 表 4-7

功能	方案功能得分			
	A	B	C	D
F_1	9	10	9	8
F_2	10	10	8	9
F_3	9	9	10	9
F_4	8	8	8	7
F_5	9	7	9	6

问题

1. 计算各功能的权重。
2. 利用价值工程法选择最优设计方案。

要点分析

本案例主要考查桥梁工程设计过程中方案的评价方法和最优方案选择方法。运用价值工程的方法对各个方案进行分析,根据方案功能得分表计算各功能权重,再分别计算各方案的功能系数、成本系数、价值系数,根据所得价值系数选择最优设计方案。

参考答案

问题 1:
根据背景材料所给出的各功能相对重要的程度,计算各功能权重。

本案例并没有直接给出各项功能指标权重,要根据给出的各功能因素重要性之间的关系,采用 0-4 评分法进行计算确定。按 0-4 评分法的规定,两个功能因素相比较时,相对重要程度有以下三种基本情况:

(1)很重要的功能因素得 4 分,另一很不重要的功能因素得 0 分;
(2)比较重要的功能因素得 3 分,另一较不重要的功能因素得 1 分;
(3)同样重要或基本同样重要时,则两个功能因素各自得 2 分。

根据题目所给条件对这五个指标进行重要性排序为:$F_1 > F_2 = F_3 > F_4 = F_5$,再利用 0-4 法计算各项功能指标权重,计算结果见表 4-8。

功能权重计算表　　　　　　　　　　　　　表 4-8

方案功能	F_1	F_2	F_3	F_4	F_5	小计	功能权重
F_1	×	3	3	4	4	14	14/40 = 0.350
F_2	1	×	2	3	3	9	9/40 = 0.225
F_3	1	2	×	3	3	9	9/40 = 0.225
F_4	0	1	1	×	2	4	4/40 = 0.100
F_5	0	1	1	2	×	4	4/40 = 0.100
合计						40	1.000

问题 2:
分别计算各方案的功能系数、成本系数、价值系数如下:
(1)功能系数
将各方案的各功能得分分别与该功能的权重相乘,然后进行汇总即为该方案的功能加权得分。

$W_A = 9 \times 0.350 + 10 \times 0.225 + 9 \times 0.225 + 8 \times 0.100 + 9 \times 0.100 = 9.125$
$W_B = 10 \times 0.350 + 10 \times 0.225 + 9 \times 0.225 + 8 \times 0.100 + 7 \times 0.100 = 9.275$
$W_C = 9 \times 0.350 + 8 \times 0.225 + 10 \times 0.225 + 8 \times 0.100 + 9 \times 0.100 = 8.900$
$W_D = 8 \times 0.350 + 9 \times 0.225 + 9 \times 0.225 + 7 \times 0.100 + 6 \times 0.100 = 8.150$

各方案的功能总加权得分为:
$W = W_A + W_B + W_C + W_D = 9.25 + 9.275 + 8.900 + 8.150 = 35.45$

因此,各方案的功能系数为:
$F_A = 9.125 \div 35.45 = 0.257$
$F_B = 9.275 \div 35.45 = 0.262$
$F_C = 8.900 \div 35.45 = 0.251$
$F_D = 8.150 \div 35.45 = 0.230$

(2)各方案的成本系数
$C_A = 1420 \div (1420 + 1230 + 1150 + 1360) = 1420 \div 5160 = 0.275$
$C_B = 1230 \div 5160 = 0.238$

$C_C = 1150 \div 5160 = 0.223$

$C_D = 1360 \div 5160 = 0.264$

（3）各方案的价值系数

$V_A = F_A \div C_A = 0.257 \div 0.275 = 0.935$

$V_B = F_B \div C_B = 0.262 \div 0.238 = 1.101$

$V_C = F_C \div C_C = 0.251 \div 0.223 = 1.126$

$V_D = F_D \div C_D = 0.230 \div 0.264 = 0.871$

由结果可知 C 方案的价值系数最大，所以 C 方案为最优方案。

案例 10

背景材料

某工程项目的承包商给监理工程师提供的桥梁工程施工网络计划如图 4-1 所示。监理工程师审查中发现，施工计划安排不能满足施工总进度计划对该桥梁施工工期的要求（总进度计划要求 $T_r = 60$ 天）。当监理工程师向承包商提出质疑时，承包商解释说，由于该计划中的每项工作作业时间均不能够压缩，而且工地施工中桥台的钢模板只有一套，故此两个桥台只能按顺序施工，若一定要压缩作业工作时间，那么可将西桥台的挖孔桩改为预制桩，但是要修改设计，且需增加 12 万元的费用。监理工程师看法不同，要求施工单位在不压缩每项工作作业时间的前提下，修改网络计划。

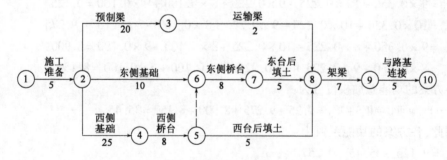

图 4-1 桥梁工程施工网络进度计划图

问题

1. 压缩工期一般有哪两种方法？
2. 在不压缩每项工作作业时间的前提下，施工单位应如何修改网络计划？
3. 修改后请在图上做出网络计划，并计算总工期，求出关键路线。

要点分析

本案例中主要考核关于压缩工期、网络计划图以及索赔方面的知识。施工工期指单项工程从正式开工,至按设计规定的全部工程内容建成并达到竣工验收标准所用的实际施工天数。影响工程建设施工工期的因素有很多,可以采取适宜的措施,加快建设进程,缩短施工工期。

参考答案

问题1:

压缩工期一般有两种方法:一是改变原计划中关键工作之间的逻辑关系,二是压缩关键工作的持续时间。

问题2:

在不压缩每项工作作业时间的前提下,施工单位可以通过改变原计划中关键工作之间的逻辑关系,修改网络计划,达到缩短工期的目的。

问题3:

在桥台的施工模板仅有一套的条件下,应通过合理组织施工来压缩工期,因为西侧桥台基础为桩基础,施工时间长(25天),而东侧桥台为扩大基础,施工的时间短(10天),所以应将原计划中"西侧桥台施工完成后再施工东侧桥台",改为"在东侧基础施工完毕后,再组织东侧桥台施工,东侧桥台施工完成后再施工西侧桥台",改变一下施工顺序,如图4-2所示。修改后可以将该计划的计划工期缩短到 $T_c = 55$ 天,小于要求工期 $T_r = 60$ 天,也不需增加费用。

根据图4-2计算各部位总时差,其关键线路为:①→②→⑥→⑦→⑧→⑨→⑩。

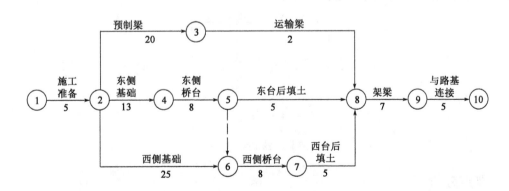

图4-2 修改后的施工网络进度计划

案例 11

背景材料

某工程施工合同中规定,工期 T 不得超过 80 周,也不应短于 60 周。

某施工单位在基本确定技术方案后,为提高竞争能力,对其中某技术措施拟定了三个方案进行比选。方案一的费用为 $C_1 = 100 + 4T$;方案二的费用为 $C_2 = 150 + 3T$;方案三的费用为 $C_3 = 250 + 2T$。三个比选方案对施工网络计划的关键路线均没有影响。各关键工作可压缩的时间及相应增加的费用见表 4-9。

假定所有关键工作压缩后不改变关键线路。

各关键工作可压缩的时间和相应增加的费用　　　　表 4-9

关键工作	A	C	E	H	M
可压缩时间(周)	1	2	1	3	2
压缩单位时间增加的费用(万元/周)	3.5	2.5	4.5	6.0	2.0

问题

1. 该施工单位应采用哪种技术措施方案?为什么?
2. 该工程采用问题 1 中选用的技术措施方案时的工期为 80 周,造价为 2653 万元。业主为了提高效益,要求施工单位进一步压缩工期和降低成本,该施工单位应报工期和造价各为多少?
3. 如果该工程的施工网络计划如图 4-3 所示,则压缩哪些关键工作可能改变关键线路?压缩哪些关键工作不会改变关键线路?

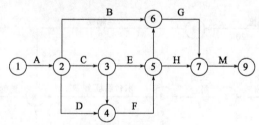

图 4-3　施工网络计划

要点分析

本案例中主要考核方案比选以及网络计划优化和调整。在解决采用哪种技术措施方案投标时,因背景中只涉及费用的问题,所以应采用最小费用法。当费用函数为 $C = 150 + 3T$ 时,意味着工期每增加 1 周,费用将增加 3 万元,也即工期每提前 1 周,费用将节约 3 万元,所以在压缩工作时间时,不能将压缩所增加的费用超过其工期提前的节约。

参考答案

问题 1:

(1) 令 $C_1 = C_2$,即 $100 + 4T = 150 + 3T$,解得 $T = 50$ 周。

当工期小于 50 周时,应采用方案一;当工期大于 50 周时,应采用方案二。

由于施工合同规定工期在 60~80 周之间,因此,应采用方案二。

再令 $C_2 = C_3$,即 $150 + 3T = 250 + 2T$,解得 $T = 100$ 周。

当工期小于 100 周时,应采用方案二;当工期大于 100 周时,应采用方案三。

因此,根据施工合同对工期的要求,施工单位应采用方案二的技术措施。

(2) 当 $T = 60$ 周,则 $C_1 = (100 + 4 \times 60)$ 万元 $= 340$ 万元,$C_2 = (150 + 3 \times 60)$ 万元 $= 330$ 万元,$C_3 = (250 + 2 \times 60)$ 万元 $= 370$ 万元。

此时,方案二为最优方案。

当 $T = 80$ 周,则 $C_1 = (100 + 4 \times 80)$ 万元 $= 420$ 万元,$C_2 = (150 + 3 \times 80)$ 万元 $= 390$ 万元,$C_3 = (250 + 2 \times 80)$ 万元 $= 410$ 万元。

所以施工单位应采用方案二的技术措施投标。

问题 2:

由于方案二的费用函数为 $C_2 = 150 + 3T$,所以对压缩 1 周时间增加的费用小于 3 万元的关键工作均可压缩,即可对关键工作 C 和 M 进行压缩,则自报工期应为: $80 - 2 - 2 = 76$ (周)。

相应的造价为: $2653 - (80 - 76) \times 3 + 2.5 \times 2 + 2.0 \times 2 = 2650$ (万元)。

问题 3:

压缩工作 C、E、H 可能改变关键线路,压缩关键工作 A、M 不会改变关键线路。

案例 12

背景材料

某工程施工的合同工期为 20 个月,土方工程量为 $28000 m^3$,土方单价为 18 元/m^3。施工合同规定,当土方工程超出原估计工程量的 15% 时,新的土方单价应调整为 15 元/m^3。进度计划经过监理工程师审核批准如图 4-4 所示(时间单位:月)。其中工作 A、E、J 共用一台施工机械,且必须顺序施工。

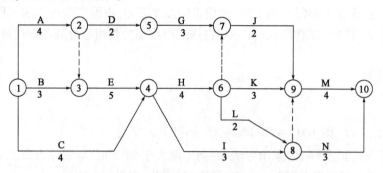

图 4-4 施工网络计划图

问题

1. 为了确保工程按期完工,图 4-4 中哪些工作为重点控制对象?施工机械闲置的时间是多少?

2. 当该计划执行 3 个月后,建设单位提出增加一项新的工作 F。工作 F 有两种安排方案,方案 1 如图 4-5 所示,方案 2 如图 4-6 所示。经监理工程师确认,工作 F 的持续时间为 3 个月。比较这两种组织方案哪一个更合理,并说出为什么?

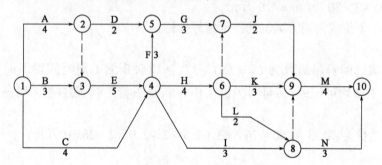

图 4-5 施工网络计划图(方案 1)

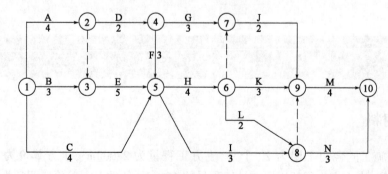

图 4-6 施工网络计划图(方案 2)

3. 如果所增加的工作 F 为土方工程，经监理工程复核确认，工作 F 的土方量为 10000m³，则土方工程的总费用是多少？

要点分析

本案例主要考核关于施工机械闲置时间、土方工程费用计算，以及施工方案选择等相关知识。对于施工机械闲置时间的问题，首先判断关键线路，判断开始工作的总时差，机械的闲置时间为机械的在场时间减去机械的使用时间。可以根据施工工期和机械闲置时间的多少来选择最优方案。

参考答案

问题 1：

施工关键线路上的关键工作即重点控制对象：A、E、H、K、M 工作；施工机械在场时间历时 A、E、H、J 四项工作时间，A、E、J 工作时间为机械使用时间，则施工机械闲置时间为 4 个月。

问题 2：

根据网络计划图可判断，方案 1 的工期为 21 个月，施工机械闲置为 6 个月；方案 2 工期为 20 个月，施工机械闲置时间为 4 个月。由于方案 2 工期短，施工机械闲置的时间少，所以方案 2 更为合理。

问题 3：

新增 F 工作后，土方工程量增加了 1000m³，超出原估算土方工程量为 15%。

则增加工作 F 后，土方工程的总费用为：

$28000 \times 18 + 28000 \times 15\% \times 18 + (10000 - 28000 \times 15\%) \times 15 = 666600 (元)$

第五章
公路工程建设项目招标与投标管理

[学习目标]

希望通过本章的学习,让读者全面了解我国交通运输部发布的《公路工程标准施工招标文件(2018年版)》《公路工程标准施工招标资格预审文件(2018年版)》等规范性文件,熟悉我国招投标制度,熟悉招投标流程,掌握评标定标的具体方法及注意事项,掌握报价技巧的选择与运用,了解工程量清单招标所涉及的相关问题,掌握决策树和技术经济分析在投标决策中的应用。

案例 1

背景材料

某公路工程项目招标,已完成招标前的各项准备工作,业主决定自行组织招标,实施过程中发生如下事件:

(1)公开招标报名及发售招标文件时间为2020年3月24日至2020年3月27日,投标截止时间为2020年4月13日上午9:00。

(2)2020年4月5日,业主组织了本地投标单位进行施工现场踏勘。

(3)业主对投标单位就招标文件所提出的所有问题统一做了书面答复,并以补遗书的形式分发给各投标单位,为简明起见,采用表5-1的形式。

书面答复形式表　　　　　　　　　　表 5-1

序　号	问　题	提问单位	提问时间	答　复
1				
…				

(4) 投标人按规定时间提交了投标文件。投标人 A 在送出投标文件后，发现报价估算有严重失误，在投标截止时间前 10 分钟撤回已提交的投标文件，工作人员不同意撤回。

(5) 开标会由市公共资源中心的工作人员主持，市公证处有关人员到会，各投标单位代表均到场。

(6) 开标时，由投标人代表检查投标文件的密封情况。工作人员宣读了投标人名称、投标保证金递交情况、投标价格、工期和其他内容。

(7) 评标委员会由招标人直接确定，共由 5 人组成，其中招标人代表 2 人，技术经济类专家 3 人。

(8) 评标过程中，评标委员会评审发现投标人 B 为联合体投标，但没有提交联合体共同投标协议，评标委员会决定否决其投标。

(9) 按照招标文件中确定的综合评标标准，评标委员会依次推荐了 C、D、E 三家中标候选人。合同谈判时，招标人要求中标人降低报价，最终中标人在原报价基础上降 5 万元后签订合同。

问题

1. 简述完整的招标程序。
2. 业主自行组织招标应具备的条件是什么？
3. 逐条指出该项目在招标过程中的做法是否妥当？并说明理由。

要点分析

本案例所考核的内容为招投标相关知识。要求根据《中华人民共和国招标投标法》、《中华人民共和国招标投标法实施条例》和《公路工程建设项目招标投标管理办法》等有关法律法规的规定，正确分析本工程招标投标过程中存在的问题。

参考答案

问题 1：

完整的招标程序为：成立招标工作小组→委托招标代理机构→编制招标文件→编制招标控制价→发布招标公告→出售招标文件→组织现场踏勘和招标答疑→接收投标文件→开标→评标→确定中标人→发出中标通知书→签订合同协议书。

问题2：

业主自行组织招标应具备的条件是：招标人具有与招标项目规模和复杂程度相适应的技术、经济等方面的专业人员，且具有编制招标文件和组织评标的能力。

《中华人民共和国招标投标法》第十二条规定："招标人有权自行选择招标代理机构，委托其办理招标事宜。任何单位和个人不得以任何方式为招标人指定招标代理机构。

招标人具有编制招标文件和组织评标能力的，可以自行办理招标事宜。任何单位和个人不得强制其委托招标代理机构办理招标事宜。

依法必须进行招标的项目，招标人自行办理招标事宜的，应当向有关行政监督部门备案。"

问题3：

(1) 不妥当，发售招标文件的时间不符合规定。

理由：2020年3月24日至2020年3月27日发售招标文件时间为4天。《中华人民共和国招标投标法实施条例》第十六条规定："资格预审文件或者招标文件的发售期不得少于5日。"

(2) 业主组织本地投标单位进行施工现场踏勘的做法不妥当。

理由：《中华人民共和国招标投标法实施条例》第二十八条规定："招标人不得组织单个或者部分潜在投标人踏勘项目现场。"

(3) 业主对投标单位提出问题进行书面答复中提及具体提问单位（投标单位）的做法不妥当。

理由：《中华人民共和国招标投标法》第二十二条规定："招标人不得向他人透露已获取招标文件的潜在投标人的名称、数量以及可能影响公平竞争的有关招标投标的其他情况。"

(4) 工作人员不同意投标人A撤回投标文件的做法不妥当。

理由：《中华人民共和国招标投标法实施条例》第三十五条规定："投标人撤回已提交的投标文件，应当在投标截止时间前书面通知招标人。招标人已收取投标保证金的，应当自收到投标人书面撤回通知之日起5日内退还。投标截止后投标人撤销投标文件的，招标人可以不退还投标保证金。"

(5) 开标会由市公共资源中心的工作人员主持不妥当。

理由：《中华人民共和国招标投标法》第三十五条规定："开标由招标人主持，邀请所有投标人参加。"

(6) 做法妥当。

理由：《中华人民共和国招标投标法》第三十六条规定："开标时，由投标人或者其推选的代表检查投标文件的密封情况，也可以由招标人委托的公证机构检查并公证；经确认无误后，由工作人员当众拆封，宣读投标人名称、投标价格和投标文件的其他主要内容。"

(7) 评标委员会由招标人直接确定不妥，且技术经济类专家占评标委员会的3/5，不符合规定。

理由:《中华人民共和国招标投标法》第三十七条规定:"评标由招标人依法组建的评标委员会负责。依法必须进行招标的项目,其评标委员会由招标人的代表和有关技术、经济等方面的专家组成,成员人数为五人以上单数,其中技术、经济等方面的专家不得少于成员总数的三分之二。"

(8)评标委员会做法妥当。

理由:《中华人民共和国招标投标法》第三十一条规定:"联合体各方应当签订共同投标协议,明确约定各方拟承担的工作和责任,并将共同投标协议连同投标文件一并提交招标人。"

(9)招标人要求中标人降低报价的做法不妥。

理由:《中华人民共和国招标投标法实施条例》第五十七条规定:"招标人和中标人应当依照招标投标法和本条例的规定签订书面合同,合同的标的、价款、质量、履行期限等主要条款应当与招标文件和中标人的投标文件的内容一致。招标人和中标人不得再行订立背离合同实质性内容的其他协议。"

案例 2

背景材料

某长江大桥是三峡工程的关键项目之一,三峡工程施工期间承担两岸物资、材料、设备的过江运输任务,也是沟通鄂西南长江南北的永久性桥梁。我国建设大跨度悬索桥经验少,具备承建该长江大桥工程施工资质的单位不多,根据这一实际情况,决定采取邀请招标方式选择施工单位。

2019年7月下旬,招标人向甲、乙、丙3家承包商发了投标邀请书,并组织施工单位考察了施工现场。2019年9月1日至9月10日进行评标工作,评标专家根据施工单位的投标报价、技术方案、资信三方面来评分,权重分别为50%、30%、20%。

招标文件中规定的评分办法如下。

1. 投标报价共50分

评标基准价的计算:投标人数量小于等于5家时,直接计算算术平均值即为评标基准价。

(1)如果投标人的评标价>评标基准价,则评标价得分 = F - 偏差率×100×E_1;

(2)如果投标人的评标价≤评标基准价,则评标价得分 = F - 偏差率×100×E_2。

其中:F 是评标价所占的权重分值,取值为50分;

E_1 是评标价每高于评标基准价一个百分点的扣分值,取值为1分;

E_2 是评标价每低于评标基准价一个百分点的扣分值,取值为0.5分。

2. 技术方案共 30 分

施工方案共 20 分；

施工总工期 10 分：满足业主工期要求（36 个月）者得 6 分，每提前 1 个月加 0.8 分，总共 10 分，不满足者不得分。

3. 资信共 20 分

（1）主要人员 10 分。

项目经理为工程师得 1 分，高工得 2 分，有类似业绩一个得 2 分，每增加一个得 0.5 分，总共 5 分；

总工程师为高工得 2 分，有类似业绩一个得 2 分，每增加一个得 0.5 分，总共 5 分。

（2）业绩 8 分：近 5 年有类似业绩 1 项得 5 分，每增加 1 项得 1 分，总 10 分。

（3）履约信誉 2 分：交通运输主管部门公布的信用等级 AA 级得 2 分，A 级得 1 分，其他等级不得分。

各投标单位的有关情况见表 5-2。

各投标单位投标报价情况表　　　　表 5-2

名　称	投标单位		
	甲	乙	丙
总工期	33	31	32
主要人员	项目经理为高工，业绩 2 项；总工为高工，业绩 3 项	项目经理为工程师，业绩 3 项；总工为高工，业绩 3 项	项目经理为高工，业绩 3 项；总工为高工，业绩 3 项
业绩	4 项	3 项	4 项
履约信誉	A	AA	AA
投标报价（万元）	396574	376854	354798

问题

1. 该长江大桥项目采用邀请招标方式且仅邀请 3 家施工单位投标，是否妥当？为什么？

2. 假设甲、乙、丙施工方案得分分别为 19 分、17 分、18 分，请按综合得分最高者中标的原则确定中标单位。

要点分析

本案例考核邀请招标方式和评标方法的运用。要求熟悉邀请招标的运用条件及有关规定，并能根据给定的评标办法正确选择中标单位。

参考答案

问题1：

该长江大桥项目技术复杂，只有少量潜在投标人，故背景材料中采用邀请招标的做法妥当。

《中华人民共和国招标投标法》第十七条规定："招标人采用邀请招标方式的，应当向三个以上具备承担招标项目的能力、资信良好的特定的法人或者其他组织发出投标邀请书。"

《中华人民共和国招标投标法实施条例》第八条规定："国有资金占控股或者主导地位的依法必须进行招标的项目，应当公开招标；但有下列情形之一的，可以邀请招标：

(1) 技术复杂、有特殊要求或者受自然环境限制，只有少量潜在投标人可供选择；

(2) 采用公开招标方式的费用占项目合同金额的比例过大。"

问题2：

(1) 计算各投标人技术及资信得分，见表5-3。

各投标人技术及资信得分表　　　　　　　　　　　表5-3

名　称	投标单位		
	甲	乙	丙
施工方案	19	17	18
总工期	$6+(36-33)\times0.8=8.4$	$6+(36-31)\times0.8=10$	$6+(36-32)\times0.8=9.2$
技术方案得分合计	27.4	27.0	27.2
主要人员	$(2+2+0.5)+$ $(2+2+2\times0.5)=9.5$	$(1+2+2\times0.5)+$ $(2+2+2\times0.5)=9$	$(2+2+2\times0.5)+$ $(2+2+2\times0.5)=10$
业绩	$5+3=8$	$5+2=7$	$5+3=8$
履约信誉	1	2	2
资信得分合计	18.5	18.0	20

(2) 计算各投标人报价得分。

① 评标基准价 = $(396574+376854+354798)\div3=376076$（万元）。

② 计算各投标人投标报价得分，见表5-4。

投标人投标报价得分表　　　　　　　　　　　表5-4

投标单位	报价（万元）	报价与基准价比例（%）	扣　分	得　分
甲	396574	$396574/376076=105.45$	$1\times5.45=5.45$	44.55
乙	376854	$376854/376076=100.21$	$1\times0.21=0.21$	49.79
丙	354798	$354798/376076=94.34$	$0.5\times5.66=2.83$	47.17

(3)计算各投标人综合得分,见表5-5。

各投标人综合得分表 表5-5

投标单位	技术方案得分	资信得分	报价得分	综合得分
甲	27.4	18.5	44.55	90.45
乙	27.0	18.0	49.79	94.79
丙	27.2	20.0	47.17	94.37

通过以上计算可知,投标人乙综合得分最高,因此应确定投标人乙为中标单位。

案例 3

背景材料

某大型隧道工程公开招标,确定的招标程序如下:①成立招标工作小组;②编制招标文件;③发布招标邀请书;④对报名参加投标者进行资格预审,并将审查结果通知各申请投标者;⑤向合格的投标者分发招标文件及设计图纸、技术资料等;⑥建立评标组织,制定评标定标办法;⑦召开开标会议,审查投标书;⑧组织评标,确定中标单位;⑨发出中标通知书;⑩签订承发包合同。

问题

1. 上述招标程序有何不妥之处,请指出并说明原因。
2. 简述决策树的概念。
3. 参加投标报价的某施工企业需制定投标报价策略,既可以投高标,也可以投低标,其中标概率与效益情况见表5-6。若未中标,损失投标费用5万元。

项目中标概率与效益情况表 表5-6

方案	中标概率	效果	利润(万元)	效果概率
高标	0.3	好	300	0.3
		中	100	0.6
		差	-200	0.1
低标	0.6	好	200	0.3
		中	50	0.5
		差	-300	0.2

请运用决策树方法为该拟参与投标施工企业确定投标报价策略。

要点分析

本案例主要考核决策树的概念、绘制、计算,要求熟悉决策树法的适用条件,能根据给定条件正确画出决策树,并能正确计算各机会点的数值,进而做出决策。

参考答案

问题1:

(1)第3步"发布招标邀请书"应为"发布招标公告",项目招标采用公开招标方式,不是邀请招标;

(2)在第5步与第6步之间应增加"组织投标单位踏勘现场,并就招标文件进行答疑"。

问题2:

决策树是以方框与圆圈为节点,并由直线连接而成的一种像树枝形状的结构,其中方框代表决策点,圆圈代表机会点。从决策点画出的每条直线代表一个方案,叫作方案枝;从机会点画出的每条直线代表一种自然状态,叫做概率枝。

问题3:

该企业投标报价策略决策树如图 5-1 所示,在图中标明各方案的概率和损益值。

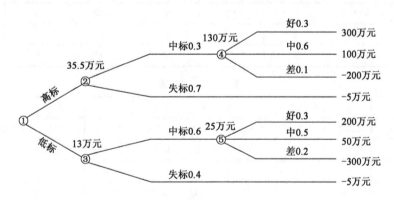

图 5-1　投标风险决策树

分别求出各机会点的期望值,将计算结果标在各机会点上方。

④节点的期望值 $= 0.3 \times 300 + 0.6 \times 100 + 0.1 \times (-200) = 130$(万元)

⑤节点的期望值 $= 0.3 \times 200 + 0.5 \times 50 + 0.2 \times (-300) = 25$(万元)

②节点的期望值 $= 130 \times 0.3 + (-5) \times 0.7 = 35.5$(万元)

③节点的期望值 $= 25 \times 0.6 + (-5) \times 0.4 = 13$(万元)

从第②、③节点的期望值比较来看,应采取投高标的报价策略。

案例 4

背景材料

某公路桥梁由于技术复杂、工期紧,经有关部门批准采用邀请招标。业主经过多方了解,邀请了 A、B、C 三家技术实力和资信俱佳的投标人参加该项目的投标。

在招标文件中规定,工期不得长于 18 个月,若投标人自报工期少于 18 个月,在评标时将考虑其给业主带来的收益,折算成综合报价后进行评标。假定贷款月利率为 1%,各分部工程每月完成的工程量相同,在评标时考虑工期提前给业主带来的收益为每月 400 万元。

A、B、C 三家投标人投标书中与报价和工期有关的数据汇总于表 5-7,现值系数见表 5-8。

各单位投标数据汇总表　　　　　　　　　　　　　　　　　　　表 5-7

投标人	基础工程		下部结构工程		上部结构及附属工程		可搭接工期（月）
	报价（万元）	工期（月）	报价（万元）	工期（月）	报价（万元）	工期（月）	
A	4000	4	10000	10	10200	6	2
B	4200	3	10800	9	9600	6	2
C	4200	3	11000	10	10000	5	3

现值系数表　　　　　　　　　　　　　　　　表 5-8

n	2	3	4	5	6	7	8	9	10
$(P/A, 1\%, n)$	1.970	2.941	3.902	4.853	5.795	6.728	7.625	8.566	9.471
$(P/F, 1\%, n)$	0.980	0.971	0.961	0.952	0.942	0.933	0.923	0.914	0.905
n	11	12	13	14	15	16			
$(P/A, 1\%, n)$	10.367	11.255	12.133	13.003	13.865	14.717			
$(P/F, 1\%, n)$	0.896	0.887	0.879	0.870	0.861	0.853			

问题

1. 《中华人民共和国招标投标法》对中标人的投标应当符合的条件是如何规定的?
2. 若不考虑资金的时间价值,应选择哪家投标人作为中标人?
3. 若考虑资金时间价值,应选择哪家投标人作为中标人?

要点分析

本案例考核《中华人民共和国招标投标法》关于中标人投标应当符合条件的规定。

案例中并未直接采用最低投标价格中标原则,而是将工期提前给业主带来的收益折算成综合报价,以综合报价最低者中标,并分别从不考虑资金时间价值和考虑资金时间价值的角度进行定量分析。其中前者较为简单和直观,而后者更符合一般投资者(招标人)的利益和愿望。

本案例需注意以下几点:

(1)各投标人自报工期的计算,应扣除附属工程与上部结构工程的搭接时间;

(2)搭接时间内现金流量应叠加,在现金流量图上一定要标明,但在计算年金现值时,并不一定要把搭接期独立分开计算;

(3)在求出后续各分部工程年金现值后,从工期全长角度再按终值一次支付折成现值,尤其注意不要将各投标人报价折现的时点相混淆。

参考答案

问题1:

《中华人民共和国招标投标法》第四十一条规定,"中标人的投标应符合下列条件之一:

(1)能够最大限度地满足招标文件中规定的各项综合评价标准。

(2)能够满足招标文件的实质性要求,并且经评审的投标价格最低,但是投标价格低于成本的除外。"

问题2:

(1)投标人 A 的总报价为:$4000 + 10000 + 10200 = 24200$(万元)

总工期为:$4 + 10 + 6 - 2 = 18$(月)

相应的综合报价 $P_A = 24200$(万元)

(2)投标人 B 的总报价为:$4200 + 10800 + 9600 = 24600$(万元)

总工期为:$3 + 9 + 6 - 2 = 16$(月)

相应的综合报价 $P_B = 24600 - 400 \times (18 - 16) = 23800$(万元)

(3)投标人 C 的总报价为:$4200 + 11000 + 10000 = 25200$(万元)

总工期为:$3 + 10 + 5 - 3 = 15$(月)

相应的综合报价 $P_C = 25200 - 400 \times (18 - 15) = 24000$(万元)

因此,若不考虑资金的时间价值,投标人 B 的综合报价最低,应选择其作为中标人。

问题3:

(1)计算投标人 A 综合报价的现值

基础工程每月工程款 $A_{1A} = 4000/4 = 1000$(万元)

下部结构工程每月工程款 $A_{2A} = 10000/10 = 1000$(万元)

上部结构及附属工程每月工程款 $A_{3A} = 10200/6 = 1700$(万元)

其中,第 13 个月和第 14 个月的工程款为:$A_{2A}+A_{3A}=1000+1700=2700$(万元)

则投标人 A 的综合报价的现值为:

$P = A_{1A} \times (P/A,1\%,4) + A_{2A} \times (P/A,1\%,8)(P/F,1\%,4) + (A_{2A}+A_{3A}) \times (P/A,1\%,2)(P/F,1\%,12) + A_{3A} \times (P/A,1\%,4)(P/F,1\%,14) = 1000 \times 3.902 + 1000 \times 7.625 \times 0.961 + 2700 \times 1.970 \times 0.887 + 1700 \times 3.902 \times 0.870 = 21718.6$(万元)

(2)计算投标人 B 综合报价的现值

基础工程每月工程款 $A_{1B}=4200/3=1400$(万元)

下部结构工程每月工程款 $A_{2B}=10800/9=1200$(万元)

上部结构及附属工程每月工程款 $A_{3B}=9600/6=1600$(万元)

工期提前每月受益 $A_{4B}=400$ 万元

其中,第 11 个月和第 12 个月的工程款为:$A_{2B}+A_{3B}=1200+1600=2800$(万元)

则投标人 B 的综合报价的现值为:

$P = A_{1B} \times (P/A,1\%,3) + A_{2B} \times (P/A,1\%,7)(P/F,1\%,3) + (A_{2B}+A_{3B}) \times (P/A,1\%,2)(P/F,1\%,10) + A_{3B} \times (P/A,1\%,4)(P/F,1\%,12) - A_{4B} \times (P/A,1\%,2)(P/F,1\%,16) = 1400 \times 2.941 + 1200 \times 6.728 \times 0.971 + 2800 \times 1.970 \times 0.905 + 1600 \times 3.902 \times 0.887 - 400 \times 1.970 \times 0.853 = 21814.4$(万元)

(3)计算投标人 C 综合报价的现值

基础工程每月工程款 $A_{1C}=4200/3=1400$(万元)

下部结构工程每月工程款 $A_{2C}=11000/10=1100$(万元)

上部结构及附属工程每月工程款 $A_{3C}=10000/5=2000$(万元)

工期提前每月受益 $A_{4C}=400$ 万元

其中,第 11、12、13 个月的工程款为:$A_{2C}+A_{3C}=1100+2000=3100$(万元)

则投标人 C 的综合报价的现值为:

$P = A_{1C} \times (P/A,1\%,3) + A_{2C} \times (P/A,1\%,7)(P/F,1\%,3) + (A_{2C}+A_{3C}) \times (P/A,1\%,3)(P/F,1\%,10) + A_{3C} \times (P/A,1\%,2)(P/F,1\%,13) - A_{4C} \times (P/A,1\%,3)(P/F,1\%,15) = 1400 \times 2.941 + 1100 \times 6.728 \times 0.971 + 3100 \times 2.941 \times 0.905 + 2000 \times 1.970 \times 0.879 - 400 \times 2.941 \times 0.861 = 22004.9$(万元)

因此,若考虑资金的时间价值,投标人 A 的综合报价最低,应选择其作为中标人。

案例 5

背景材料

投标人参与某高速公路大桥工程投标。为了保证既不影响中标,又能在中标后取得较好的收益,投标人决定采用不平衡报价法对原投标报价进行调整,具体数据见表 5-9。

常规报价与正式报价对比表(万元)　　　　　　表 5-9

项　　目	基础工程	下部结构	上部结构	附属工程	总　　价
调整前	1800	3600	4800	2400	12600
调整后	2010	4020	4500	2070	12600

招标文件中规定:"投标人不平衡报价的调整幅度不得超过 20%,否则在项目中标后,招标人有权在合同总价不变的前提下调整单价。"

现假设基础工程、下部结构、上部结构、附属工程的工期均为 3 个月,贷款月利率为 1%,并假设各分部工程每月完成工作量相同,均能按月度收到工程款(不考虑工程结算所需的时间)。现值系数表见表 5-10。

现值系数表　　　　　　表 5-10

n	2	3	4	5	6	7	8	9	10
$(P/A,1\%,n)$	1.97	2.941	3.902	4.853	5.795	6.728	7.625	8.566	9.471
$(P/F,1\%,n)$	0.98	0.971	0.961	0.951	0.942	0.933	0.923	0.914	0.905

问题

1. 该投标人所运用的不平衡报价法是否恰当?为什么?
2. 采用不平衡报价法后,该投标人所得工程款的现值比原报价增加多少?(以开工日期为折现点)

要点分析

本案例考核不平衡报价法的基本原理及应用。不平衡报价法的基本原理是在总价不变的前提下,调整分项工程的单价。所谓"不平衡报价"是相对于平衡报价而言,通常对前期工程或工程量可能增加的工程,可将原估价单价调高;反之则调低。同时要注意单价调整幅度不宜超过招标文件规定的要求。

本案例运用工程经济学的知识,定量计算不平衡报价法所取得的收益,要求熟练运用资金时间价值的计算公式和现金流量图。

参考答案

问题 1:

运用不平衡报价法恰当。投标人将属于前期工程的基础工程和下部结构工程的报价调高,而将属于后期工程的上部结构工程和附属工程的报价调低,可以在施工的早期阶段收到较多的工程款,从而可以提高投标人所得工程款的现值。而且,这四项工程单价的调整幅度均在20%以内,属于招标文件规定的合理范围。

问题2:

根据背景材料所给出的各分部工程工作进度及工程款拨付情况,画出本项目现金流量图,如图5-2所示。

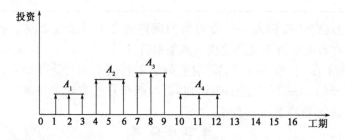

图 5-2 现金流量图(万元/月)

(1)计算单价调整前的工程款

单价调整前的基础工程每个月的工程价款 $A_1 = 1800/3 = 600$(万元),下部结构工程每个月的工程款为 $A_2 = 3600/3 = 1200$(万元),上部结构工程每个月的工程价款为 $A_3 = 4800/3 = 1600$(万元),附属工程每个月的工程价款为 $A_4 = 2400/3 = 800$(万元)。

则单价调整前的工程款现值为:

$P = A_1(P/A,1\%,3) + A_2(P/A,1\%,3)(P/F,1\%,3) + A_3(P/A,1\%,3)(P/F,1\%,6) + A_4(P/A,1\%,3)(P/F,1\%,9) = 600 \times 2.941 + 1200 \times 2.941 \times 0.971 + 1600 \times 2.941 \times 0.942 + 800 \times 2.941 \times 0.914 = 11776.69$(万元)

(2)计算单价调整后的工程款

单价调整后的基础工程每个月的工程价款为 $A_1' = 2010/3 = 670$ 万元,下部结构工程每个月的工程款为 $A_2' = 4020/3 = 1340$(万元),上部结构工程每个月的工程款为 $A_3' = 4500/3 = 1500$(万元),附属工程每个月的工程款为 $A_4' = 2070/3 = 690$(万元)。

则单价调整后的工程价款现值为:

$P' = A_1'(P/A,1\%,3) + A_2'(P/A,1\%,3)(P/F,1\%,3) + A_3'(P/A,1\%,3)(P/F,1\%,6) + A_4'(P/A,1\%,3)(P/F,1\%,9) = 670 \times 2.941 + 1340 \times 2.941 \times 0.971 + 1500 \times 2.941 \times 0.942 + 690 \times 2.941 \times 0.914 = 11809.37$(万元)

单价调整后与单价调整前的差值为:

$P' - P = 11809.37 - 11776.69 = 32.68$(万元)

通过上面的计算可以看出,采用不平衡报价法后,承包商所取得的现值比常规报价的估价增加了32.68万元,其经济效益有所提高。

案例 6

背景材料

某政府投资高速公路,项目总投资额为5000万元,其中,估价为90万元的设备2台由招标人自行采购。招标文件中,招标人对投标有关时限的规定如下:"投标截止时间为自招标文件停止出售之日起第16日上午9时整;接受投标文件的最早时间为投标截止时间前72小时;若投标人要修改、撤回已提交的投标文件,须在投标截止时间24小时前提出;投标有效期从发售招标文件之日开始计算,共90天。"

招标文件规定,投标人需同时具备公路工程总承包一级资质、桥梁工程专业承包一级资质,招标人鼓励投标人组成联合体投标。在参加投标的企业中,投标人A具备公路工程总承包一级资质、桥梁工程专业承包一级资质;投标人B具备公路工程总承包一级资质、桥梁工程专业承包一级资质;投标人C具备公路工程总承包一级资质;投标人D具备桥梁工程专业承包一级资质;投标人E具备公路工程总承包二级资质,桥梁工程专业承包一级资质;投标人F具备公路工程总承包一级资质;投标人G具备桥梁工程专业承包一级资质。上述企业分别组成联合体投标,各联合体具体组成见表5-11。

各联合体的组成表 表5-11

联合体编号	Ⅰ	Ⅱ	Ⅲ	Ⅳ
联合体组成	A,D	B,E	C,D	F,G

在上述联合体中,某联合体协议中约定:"若中标,由牵头人与招标人签订合同,然后将该联合体协议送交招标人;联合体所有与业主的联系工作以及内部协调工作均由牵头人负责;各成员单位按投入比例分享利润并向招标人承担责任,且需向牵头人支付各自所承担合同额部分1%的管理费。"

问题

1. 该项目估价为180万元的设备采购是否可以不招标,说明理由。
2. 分别指出招标人对投标有关时限的规定是否正确,说明理由。
3. 根据我国招标投标法的规定,按联合体的编号,判别各联合体的投标是否有效?若无效,说明原因。
4. 指出上述联合体协议内容中的错误之处,说明理由并写出正确做法。

要点分析

本案例考核关于必须招标的工程范围及规模标准、与投标有关的时限，以及联合体投标的相关问题。

1. 工程建设项目必须进行招标的有关规定

《中华人民共和国招标投标法》第三条规定，"凡在中华人民共和国境内进行下列工程建设项目包括项目的勘察、设计、施工、监理以及与工程建设有关的重要设备、材料等的采购，必须进行招标：

(1)大型基础设施、公用事业等关系社会公共利益、公众安全的项目；

(2)全部或者部分使用国有资金投资或者国家融资的项目；

(3)使用国际组织或者外国政府贷款、援助资金的项目。"

2. 有关必须进行招标的规模的规定

2018年国家发展和改革委员会第16号令《必须招标的工程项目规定》中对必须招标勘察、设计、施工监理及重要设备、材料采购的规模标准规定如下：

(1)施工单项合同估算价在400万元人民币以上；

(2)重要设备、材料等货物的采购，单项合同估算价在200万元人民币以上；

(3)勘察、设计、监理等服务的采购，单项合同估算价在100万元人民币以上。

"同一项目中可以合并进行的勘察、设计、施工、监理以及与工程建设有关的重要设备、材料等的采购，合同估算价合计达到上述规定标准的，必须招标。"

3. 有关联合体的规定

《中华人民共和国招标投标法》第三十一条规定："两个以上法人或者其他组织可以组成一个联合体，以一个投标人的身份共同投标。

联合体各方均应当具备承担招标项目的相应能力；国家有关规定或者招标文件对投标人资格条件有规定的，联合体各方均应当具备规定的相应资格条件。由同一专业的单位组成的联合体，按照资质等级较低的单位确定资质等级。

联合体各方应当签订共同投标协议，明确约定各方拟承担的工作和责任，并将共同投标协议连同投标文件一并提交招标人。联合体中标的，联合体各方应当共同与招标人签订合同，就中标项目向招标人承担连带责任。

招标人不得强制投标人组成联合体共同投标，不得限制投标人之间的竞争。"

参考答案

问题1：

该设备采购不需要招标。根据《必须招标的工程项目规定》，设备估价180万元未达到200万元，故不需要招标。

问题 2：

（1）投标截止时间的规定正确。因为自招标文件开始出售至停止出售至少为 5 个工日，而材料中自招标文件停止出售至投标截止时间至少 15 个工日，故满足自招标文件开始出售至投标截止不得少于 20 日的规定。

（2）接受投标文件最早时间的规定正确，有关法规对此没有限制性规定。

（3）修改、撤回投标文件时限的规定不正确。因为在投标截止时间前均可修改、撤回投标文件。

（4）投标有效期从发售招标文件之日开始计算的规定不正确。投标有效期应从投标截止时间开始计算。

问题 3：

（1）联合体Ⅰ的投标无效。因为投标人不得参与同一项目下不同的联合体投标（D公司既参加联合体Ⅰ投标，又参加联合体Ⅲ投标）。

（2）联合体Ⅱ的投标无效。因为根据《中华人民共和国招标投标法》规定："由同一专业的单位组成的联合体，按照资质等级较低的单位确定资质等级。"投标人 B 与投标人 E 组成联合体后，认定的资质等级为公路工程总承包二级资质，桥梁工程专业承包一级资质，不满足招标文件的要求。

（3）联合体Ⅲ的投标无效。因为投标人不得参与同一项目下不同的联合体投标（D公司既参加联合体Ⅰ投标，又参加联合体Ⅲ投标）。

（4）联合体Ⅳ的投标有效。

问题 4：

（1）由牵头人与招标人签订合同是错误的，应由联合体各方共同与招标人签订合同。

（2）与招标人签订合同后才将联合体协议送交招标人是错误的，联合体协议应当与投标文件一同提交给招标人。

（3）各成员单位按投入比例向招标人承担责任是错误的，联合体各方应就中标项目向招标人承担连带责任。

案例 7

背景材料

某公路工程采用工程量清单方式公开招标，招标控制价为 5000 万元。招标工程量清单说明如下：

（1）工程量清单中的每一子目（有数量）须填入单价或价格，且只允许有一个报价。

（2）除非合同另有规定，工程量清单中有标价的单价和总额价均已包括了为实施和完成合同工程所需的劳务、材料、机械、质检(自检)、安装、缺陷修复、管理、保险、税费、利润等费用,以及合同明示或暗示的所有责任、义务和一般风险。

(3)工程量清单中投标人没有填入单价或价格的子目,其费用视为已分摊在工程量清单其他相关子目的单价或价格之中。承包人必须按监理人指令完成工程量清单中未填入单价或价格的子目,但不能得到结算与支付。

(4)暂列金额(不含计日工总额)按100章至700章合计金额(不含暂估价)的10%计列。

(5)建筑工程一切险的投保金额为工程量清单100章至700章的合计金额(不含建筑工程一切险和第三者责任险),保险费率为3.0‰;第三方责任险的最低投保金额为100万元,事故次数不限(不计免赔额),保险费率为4.0‰。上述两项保险承包人应以发包人和承包人的共同名义投保。保险费由承包人报价时列入工程量清单100章内。

(6)为确保将安全施工措施落到实处,在投标总价中计入安全生产费用,安全生产费用以固定金额形式计入工程量清单第100章中(安全生产费用为招标人公布的最高投标限价的1.5%),投标人在投标报价时不得对该固定金额进行调整。

在评标过程中发生如下事件:
(1)投标人A投标报价为5000.03万元;
(2)投标人B的100章至700章合计金额为4800万元,暂估价为0万元,投标人填写的暂列金额为480万元;
(3)投标人C在200章清单报价中"203-1-a挖土方"项的投标单价没有填写,评标委员会认为报价有漏项,否决了该投标;
(4)投标人D的100章至700章合计金额为4950万元,投标人填写的建筑工程一切险为148500元;
(5)投标人E的投标报价为4800万元,投标人填写的安全生产费为72万元;
(6)投标人F在投标函中填写的投标报价大写金额为肆仟玖佰肆拾伍万元,小写金额为4955000.00元,在评标过程中,评标委员会认为大小写不一致,否决了该投标。

问题

1. 投标报价有算术错误的,评标委员会对投标报价进行修正的原则是什么?
2. 事件1中投标人A的投标报价是否有效?并说明理由。
3. 事件2中投标人B填写的暂列金额计算是否正确?如不正确,请计算出正确的结果。
4. 事件3中评标委员会做法是否正确?并说明理由。
5. 事件4中投标人填写的建筑工程一切险金额是否正确?如不正确,请计算出正确的结果。
6. 事件5中投标人填写的安全生产费金额是否正确?如不正确,请计算出正确的结果。

7. 事件6中,评标委员会的做法是否正确？如不妥,请说明正确的做法。

要点分析

本案例考核的是工程量清单招标中有关投标报价的相关知识。

参考答案

问题1：
《公路工程标准施工招标文件》(2018年版)第三章第3.3.2条规定：
"投标报价有算术错误的,评标委员会按以下原则对投标报价进行修正,修正的价格经投标人书面确认后具有约束力。投标人不接受修正价格的,评标委员会应否决其投标。
(1)投标文件中的大写金额与小写金额不一致的,以大写金额为准；
(2)总价金额与依据单价计算出的结果不一致的,以单价金额为准修正总价,但单价金额小数点有明显错误的除外；
(3)当单价与数量相乘不等于合价时,以单价计算为准,如果单价有明显的小数点位置差错,应以标出的合价为准,同时对单价予以修正；
(4)当各子目的合价累计不等于总价时,应以各子目合价累计数为准,修正总价。"

问题2：
事件1中投标人的投标报价无效。
理由：投标人A的投标报价5000.03万元,高于招标控制价5000万元,招标控制价属于最高限价,投标人不得突破。

问题3：
事件2中,投标人B填写的暂列金额为480万元,暂列金额按100章至700章合计金额的10%计列,计算正确。

问题4：
事件3中,评标委员会做法不妥。
理由：根据招标工程量清单说明第3条"工程量清单中投标人没有填入单价或价格的子目,其费用视为已分摊在工程量清单中其他相关子目的单价或价格之中。"因此,评标委员会不应否决其投标。

问题5：
事件4中投标人填写的建筑工程一切险金额计算错误。
正确结果为：
第三者责任险 = $1000000 \times 4.0‰ = 4000$(元)
建筑工程一切险 = $(49500000 - 4000) \times 3.0‰ = 148488$(元)

问题6：
事件5中投标人填写的安全生产费72万元计算错误。

正确结果为：

安全生产费 = 招标控制价 × 1.5% = 5000 × 1.5% = 75(万元)

问题 7：

事件 6 中评标委员会做法不妥。

正确做法：评标委员会应按《公路工程标准施工招标文件》(2018 年版)规定的投标报价的修正原则对投标报价进行修正，以大写金额为准，修正的价格经投标人书面确认后具有约束力。投标人不接受修正价格的，评标委员才可以否决其投标。

第六章 公路工程建设项目合同价款管理

[学习目标]

通过本章的学习,了解公路工程项目涉及的合同种类及主要内容,了解合同价款的约定,掌握工程变更价款的确定与处理,掌握施工索赔的内容与程序,掌握索赔费用及工期的计算。

案例 1

背景材料

某项工程建设项目在施工图设计没有完成前,业主通过招标选择了一家总承包单位承担该工程的施工任务。由于设计工作尚未完成,承包范围内待实施的工程虽然性质明确,但是工程量还难以确定,双方商定拟采用总价合同形式签订施工合同,以减少双方的风险。施工合同签订前,业主委托了一家监理单位拟协助业主签订施工合同和进行施工阶段监理。监理工程师查看了业主(甲方)和施工单位(乙方)草拟的施工合同条件,发现合同中有以下一些条款:

(1)乙方按监理工程师批准的施工组织设计(或施工方案)组织施工,乙方不应承担因此引起的工期延误和费用增加的责任。

(2)甲方向乙方提供施工场地的工程地质和地下主要管网线路资料,供乙方参考使用。

(3)乙方不能将工程转包,但允许分包,也允许分包单位将分包的工程再次分包给其他施工单位。

(4)监理工程师应当对乙方提交的施工组织设计进行审批或提出修改意见。

(5)无论监理工程师是否参加隐蔽工程的验收,当其提出对已经隐蔽的工程重新检验的要求时,乙方应按要求进行剥露,并在检验合格后重新进行覆盖或者修复。如果检验合格,甲方承担由此发生的经济支出,赔偿乙方的损失并相应顺延工期;如果检验不合格,乙方则应承担发生的费用,工期不予顺延。

(6)乙方应按协议条款约定时间向监理工程师提交实际完成工程量的报告。监理工程师接到报告7天内按乙方提供的实际完成的工程量报告核实工程量(计量),并在计量前24小时通知乙方。

问题

1. 业主与施工单位选择的总价合同形式是否恰当?为什么?
2. 请逐条指出以上合同条款中的不妥之处,应如何改正?
3. 若检验工程质量不合格,你认为影响工程质量主要有哪些影响因素?

要点分析

本案例中主要考察施工合同的种类以及内容。常见的施工合同形式有单价合同、固定总价合同、成本加酬金合同。总价合同是指在约定的风险范围内价格不再调整的合同,一般适用于规模小、工期短、技术不太复杂的工程。

参考答案

问题1:

不恰当(或不宜使用总价合同形式)。因为该项目设计工作尚未完成,工程量难以确定,双方风险较大。

问题2:

第1条中"乙方不应承担因此引起的工期延误和费用增加的责任"不妥。应改正为:乙方按监理工程师批准的施工组织设计(或施工方案)组织施工,不应承担非自身原因引起的工程延误和费用增加的责任。

第2条中"供乙方参考使用"不妥。应改正为:保证资料(数据)真实、准确,作为乙方现场施工的依据。

第3条中"再次分包"不妥。应改正为:不允许分包单位再次分包。

第4条不妥。应改正为:乙方应向监理工程师提交施工组织设计,供其审批或提出修改意见(或监理工程师职责不应出现在施工合同中)。

第 6 条中"监理工程师按乙方提供的实际完成的工程量报告核实工程量(计量)"不妥。应改正为:监理工程师应按设计图纸对已完工程量进行计量。

问题 3:

影响工程质量的主要因素有:人、材料、施工方法、施工机械、环境等。

案例 2

背景材料

某工程合同价为 3000 万元,工期 1 年,业主委托某监理公司实施施工阶段监理,并与施工单位签订了施工承包合同。

(1)业主与监理公司签订的监理合同中有如下的内容:

①监理单位是本工程的最高管理者;

②监理单位应维护业主利益;

③业主与监理单位实行合作监理,即业主单位具有监理工程师资格的人参与监理工作;

④业主方参与监理人员同时作为业主代表,负责与监理单位联系;

⑤上述业主代表可以向承包商下达指令;

⑥监理单位仅进行质量控制,而进度与投资控制则由业主负责;

⑦由于监理单位的努力,使合同工期提前的,监理单位与业主分享利益。

(2)业主与承包商签订的施工合同中有如下内容:

①承包商应根据建设监理合同接受监理;

②承包商努力使工期提前的,按工期提前产生的利润比例提成;

③该工程所使用的钢筋和水泥由业主供应。

(3)监理合同签订前,监理单位参与该项目的土木施工工程师编制了监理规划,其要点如下:

①设计阶段监理控制目标及措施;

②设计方案的评审;

③施工图纸的审核;

④协助业主编制招标文件;

⑤协助业主组织工程招标;

⑥编制施工进度计划;

⑦审核工程概算;

⑧审核施工图预算,与概算进行比较。

问题

1. 监理合同中有何不妥之处？为什么？
2. 施工合同中有何不妥之处？为什么？
3. 监理规划有何不妥之处？为什么？

要点分析

本案例主要考察监理合同、施工合同的内容。监理合同及施工合同在编制时，主要依据《建设工程监理合同（示范文本）》（GF—2012—0202）、《建设工程施工合同（示范文本）》（GF—2017—0201）以及相关法律法规。

参考答案

问题1：
监理合同存在以下不妥之处：

①监理单位虽然是受业主委托就工程的实施对承包商进行全面的监督、管理，但是对某些重大问题还必须由业主做出决定，因此监理单位不是也不可能是工程唯一的最高管理者。

②监理单位应作为公正的第三方，以批准的项目建设文件、有关的法律法规以及监理合同和工程建设合同为依据进行监理。因此，监理单位应站在公正立场上行使自己的职责与权利，要维护业主和被监理单位双方的合法权益。

③业主单位具有监理工程师资格的人参与监理工作是可行的，但不能称之为合作监理，合作监理是指监理单位之间的合作。

④上述业主方参与监理的人，工作时不能作为业主的代表，只能以监理单位的名义和人员进行监理活动。

⑤业主代表不可以直接向承包商下达指令，而必须通过监理工程师下达。

⑥监理的三大控制目标是相互联系的，只控制一个目标是不切合实际的。

⑦监理单位努力使规定的工期提前，业主应按约定给予奖励，但不是利润分成。

问题2：
施工合同存在以下不妥之处：

①承包商应依据施工合同的规定接受监理，而不是按监理合同的规定。

②承包商努力使工期提前，可按合同规定得到奖励，但不是按利润比例分成。

问题3：
监理规划编制存在以下不妥之处。

①监理规划应在签订监理合同之后编制，而不是在签订监理合同之前编制。

②监理规划应由总监理工程师主持编制，不应由专业工程师主持编制。

③因委托的是施工监理，所以不应有设计阶段监理控制目标及措施。

④设计方案评审是设计阶段监理的工作内容,所以也不应列入。
⑤施工图纸审核也是设计阶段监理内容,不应列入施工阶段监理规划中。
⑥编制施工招标文件是施工招标阶段的工作,不宜列入施工监理规划中。
⑦协助业主组织施工招标也是施工招标阶段的工作,不宜列入施工监理规划中。
⑧编制施工进度计划应是施工承包方的任务,而非监理工程师的任务。

案例 3

背景材料

业主计划将拟建的工程建设项目在实施阶段委托某一监理公司进行监理。业主在合同草案中提出的部分内容如下:

(1)除因业主原因发生的时间延误外,对于任何时间延误,监理单位应付相当于施工单位罚款的20%给业主;如工期提前,监理单位可得到相当于施工单位工期提前奖励的20%的奖金。

(2)工程图纸出现设计质量问题,监理单位应付给业主相当于设计单位设计费的5%作为赔偿。

(3)施工期间发生一起施工人员重伤事故,监理单位应受罚款1.5万元;发生一起死亡事故,监理单位应受罚款3万元。

(4)凡由于监理工程师发生差错、失误而造成重大经济损失的,监理单位应付给业主一定比例(取费费率)的赔偿费。如不发生差错、失误,则监理单位可得到全部监理费。

监理单位认为上述条款有不妥之处。

经过双方商讨,对合同的全部内容进行了调整与完善,最后确定了工程建设监理合同的主要条款,包括监理的范围和内容、双方的权利和义务、监理费的计取与支付、违约责任和双方约定的其他事项等。

问题

1. 业主在监理合同草案中提出的部分条款有哪些不妥?为什么?
2. 经过双方商讨后的监理合同是否已包括了主要的条款内容?
3. 如果该合同是一个有效的经济合同,它应具备什么条件?

要点分析

本案例主要考察工程建设监理合同的内容。《建设工程监理合同(示范文本)》

（GF—2012—0202）中明确监理合同应主要包含的内容有：合同内所涉及的词语定义和遵循的法规；监理人的义务；委托人的义务；监理人的权利；委托人的权利；监理人的责任；委托人的责任；合同生效、变更与终止；监理报酬；其他争议的解决。

参考答案

问题1：

合同草案中拟定的部分条款存在以下不妥之处：

（1）工程建设监理的性质是服务性的，监理单位和监理工程师"不是，也不能成为任何承包工程的承保人或保证人"。若将设计、施工出现的问题与监理单位直接挂钩，这与监理工作的性质不符。

（2）监理单位与建设单位和承包商是相互独立、平等的第三方。为了保证其独立性与公正性，《工程建设监理规定》第二十条规定："监理单位不得承包工程，不得经营建筑材料、构配件和建筑机械、设备。"在合同中若写入上述条款，势必将监理单位的经济利益与承包商的利益联系起来，不利于监理工作的公正性。

（3）第3条中对于施工期间发生施工人员伤亡的情况，按《建筑法》第四十五条规定："施工安全由建筑施工企业负责。"监理单位的责、权、利主要来源于建设单位的委托与授权，建设单位承担相应责任，合同中要求监理单位承担是不妥的。

（4）第4条中，应在合同中明确写明责任界定，如"重大经济损失"的内涵、监理单位赔偿比例等。

问题2：

双方对合同内容商讨后，约定合同中包括监理的范围和内容、双方的权利和义务、监理费的计取与支付、违约责任和双方约定的其他事项等，包括了监理合同的主要内容。

问题3：

若该合同是一个有效的经济合同，应满足以下基本条件：

（1）合同主体资格合法。即业主和监理单位作为合同双方当事人，应当具有合法的资格。

（2）合同的内容合法。内容应符合国家法律、法规，真实表达双方当事人的意见。

（3）订立合同的程序合法、形式合法。

案例4

背景材料

承包商与业主签订一建设工程施工合同，双方签字盖章并在公证处进行了公证。合同约定工期为 12 个月，合同固定总价为 1500 万元。2016 年 2 月 1 日开工，工程进行 3 个月后，监理工程师于 2016 年 5 月 2 日自主决定，要求承包商于 2016 年 11 月 1 日竣工，承包商不予理睬，至 2016 年 5 月 21 日仍未做出书面答复。2016 年 5 月 31 日，业主以承包商的工程质量不可靠和工程不能如期竣工为由发文通知该施工企业："本公司决定解除原施工合同，望贵公司予以谅解和支持。"同时限期承包商拆除脚手架，致使承包方无法继续履行原合同义务，承包商由此损失工程款、工程器材费及其他损失费 609 万元，该承包商于 2016 年 6 月 25 日向人民法院提起诉讼，要求业主承担违约责任。

经法院委托专业权威单位调查鉴定，确认承包商有能力按合同的约定保证施工质量，如期竣工。

问题

1. 该合同属有效经济合同吗？合同的有效条件是什么？
2. 监理工程师是否为建设施工合同的当事人？未经业主授权，监理单位能否擅自变更与承建单位签订的承包合同？
3. 发包方是否应承担违约责任？承担违约责任的形式有哪些？
4. 单方提出变更、解除合同的法律条件是什么？
5. 承包方可向哪个部门上诉，方可能被立案处理？
6. 国内经济合同纠纷的申请仲裁或上诉的诉讼时效为多久？

要点分析

本案例主要考察合同成立的有效条件，监理的责任与义务，工程管理中涉及的《中华人民共和国合同法》的相关规定。

参考答案

问题 1：
该合同属有效经济合同。合同成立的有效条件为：合同主体资格合法，合同内容合法，订立合同的形式合法、程序合法。

问题 2：
监理工程师不是建设施工合同的当事人；未经业主授权，监理单位不得擅自变更与承建单位签订的承包合同。

问题 3：
本案例中发包方应承担违约责任。根据《中华人民共和国合同法》第一百零七条规定，承担违约责任的形式有继续履行，赔偿损失，支付违约金、定金责任，采取补救措施。

问题 4：
单方提出变更、解除合同的法律条件是：由于不可抗力致使合同的全部义务不能履行;或者是由于另一方在合同约定的期限没有履行义务。

问题5:

本案例中承包人可向被告住所地或合同履行地的人民法院上诉,方可能被立案处理。

问题6:

根据《中华人民共和国民法总则》规定,"向人民法院请求保护民事权利的诉讼时效期间为三年"。国内经济合同纠纷属于普通民事纠纷,其诉讼时效应为三年,凡超过诉讼时效的经济诉讼案件,法院一般不予受理。

案例5

背景材料

某大型桥梁工程,发包方(简称甲方)通过邀请招标的方式确定本工程由承包商乙中标,双方签订了施工总承包合同。在征得甲方书面同意的情况下,承包商乙将桩基础工程分包给具有相应资质的专业分包商丙,并签订了专业分包合同。在桩基础施工期间,由于分包商丙自身管理不善,造成甲方现场周围的建筑物受损,给甲方造成了一定的经济损失,甲方就此事向承包商乙提出了赔偿要求。

另外,考虑到桥梁主体工程施工难度高,自身技术力量和经验不足等情况,在甲方不知情的情况下,承包商乙又与一家具有施工总承包一级资质的某知名承包商丁签订了主体工程分包合同,合同约定承包商丁以承包商乙的名义进行施工,双方按约定的方式进行结算。

问题

1. 承包商乙和分包商丙签订的桩基础工程分包合同是否有效?简述理由。
2. 对分包商丙给甲方造成的损失,承包商乙承担什么责任?简述理由。
3. 承包商乙将主体工程分包给承包商丁在法律上属于何种行为?《公路工程标准施工招标文件》(2018年版)要求承包人对专业分包除了遵守一般规定外,还必须遵守哪些规定?

要点分析

本案例主要考察关于公路工程分包的相关规定。承包人不得将其承包的主体、关键性工作分包给第三人;承包人与分包人就分包工程向发包人承担连带责任。

参考答案

问题1：

有效。根据《中华人民共和国合同法》第二百七十二条规定，"总承包人或勘察、设计、施工承包人经发包人同意，可以将自己承包的部分工作交由第三人完成。"

问题2：

对分包商丙给甲方造成的损失，承包商乙承担连带责任。根据《中华人民共和国建筑法》第二十九条规定，"建筑工程总承包单位按照总承包合同约定对建设单位负责，分包单位按照分包合同的约定对总承包单位负责。总承包单位和分包单位就分包工程对建设单位承担连带责任。"

问题3：

承包商乙将主体工程分包给承包商丁在法律上属于违法分包行为。

《公路工程标准施工招标文件》(2018年版)要求承包人对专业分包除了遵守一般规定外，还必须遵守如下规定：

①允许专业分包的工程范围仅限于非关键性工程或者适合专业化队伍施工的专项工程。未列入投标文件的专项工程，承包人不得分包。但因工程变更增加了有特殊性技术要求、特殊工艺或者涉及专利保护等的专项工程，且按规定无须再进行招标的，由承包人提出书面申请，经发包人书面同意，可以分包。

②专业分包人的资格能力(含安全生产能力)应与其分包工程的标准和规模相适应，且具备相应的专业承包资质。

③专业分包工程不得再次分包。

④承包人和专业分包人应当按照交通运输主管部门制定的统一格式依法签订专业分包合同，并按照合同履行约定的义务。

⑤专业分包人应当设立项目管理机构，对所分包工程的施工活动实施管理。

⑥承包人应当建立健全相关分包管理制度和台账，对专业分包工程的质量、安全、进度和专业分包人的行为等实施全过程管理，按照相应规定和合同约定对专业分包工程的实施向发包人负责，并承担赔偿责任。专业分包合同不免除承包合同中规定的承包人的责任或者义务。

⑦专业分包人应当依据专业分包合同的约定，组织分包工程的施工，并对分包工程的质量、安全和进度等实施有效控制。专业分包人对其分包的工程向承包人负责，并就所分包的工程向发包人承担连带责任。

⑧承包人对施工现场安全负总责，并对专业分包人的安全生产进行培训和管理。专业分包人应将其专业分包工程的施工组织设计和施工安全方案报承包人备案。专业分包人对分包施工现场安全负责，发现事故隐患，应及时处理。

案例 6

背景材料

某大型工程项目地质情况复杂,由于工程项目建设任务十分紧迫,要求尽快开工并按时竣工,地基处理工程量难以准确确定。因此,业主根据监理单位的建议,采用单价合同方式与承包方签订了施工合同,对于工程变更、工程计量、合同价款的调整及工程款的支付等都做了规定。

问题

1. 在进行施工招标前,业主委托监理方协助业主编制施工合同条款,考虑到本工程的复杂情况,监理方对于有关工程变更的条款做了重点考虑。
(1)属于工程变更的事项包括哪些方面的内容?
(2)对于工程变更,如果是发包方提出的变更应如何进行管理?如果是承包方提出的变更应如何进行管理?
2. 在施工过程中,若承包方根据监理工程师的指示就部分工程进行了变更施工,试问变更部分合同价款应根据什么原则进行确定?变更价款的确定应当按什么程序进行?
3. 若由于发包方提出的工程变更要求而引发承包方的费用索赔和延长工期要求,发包方与承包方对该项索赔要求未取得一致,从而形成合同争议,试问应当通过什么方式处理和解决争议?

要点分析

本案例主要考察工程变更的内容,工程变更的管理,工程变更的程序,工程变更后合同价款的计算原则;以及合同争议的解决方法。

参考答案

问题 1:
(1)属于工程变更的事项包括:
①工程的高程、基线、位置、尺寸等的改变;
②工程的性质、质量或工程类型的变更;
③增加或减少合同约定的工程量;
④改变施工顺序或时间;

⑤其他。

(2) 发包方和承包方提出的工程变更应分别进行管理。

发包方提出的工程变更应当不迟于变更前的 14 天书面通知承包方；若属于改变原工程标准或超过原工程规模的变更，还应报原规划管理部门审批，设计变更应由原设计单位修改。

承包方应严格按图施工，不得随意变更设计。若承包方要求对原设计进行变更，应经监理工程师同意，还需经原规划管理部门和其他有关部门审查批准，并由原设计单位提供变更的图纸和说明。承包方擅自变更设计，要承担由此发生的费用、发包方的损失以及工期延误的一切责任。由承包方提出、经监理工程师同意的设计变更，导致合同价增减、发包方的损失由发包方承担，工期顺延。

问题 2：

工程变更后，合同价款的调整按下列原则和方法进行：

①合同中已有适用于变更工程单价的，按合同已有的单价计算和变更合同价款；

②合同中只有类似于变更工程单价的，可参照它来确定变更价格和变更合同价款；

③合同中没有上述单价时，由承包方提出相应价格，经监理工程师确认后执行。

对承包方提出的工程变更，确定变更价款的程序为：

①变更发生后的 14 天内，承包方应提出变更价款报告，经监理工程师确认后，调整合同价；

②若变更发生后 14 天内承包方不提出变更价款报告，则视为该变更不涉及价款变更；

③监理工程师收到变更价款报告起 14 天内应对其予以确认；若无正当理由不确认时，自收到报告时算起 14 天后该报告自动生效。

问题 3：

合同双方发生争议可通过下列途径寻求解决：

①协商和解；

②有关部门调解；

③按合同约定的仲裁条款或仲裁协议申请仲裁；

④向有管辖权的法院起诉。

案例 7

背景材料

国内某工程参照《FIDIC 合同条件》规定，承包方要求索赔成立必须具备如下四个条件：

(1) 与合同相比较已经造成实际的额外费用增加或工期损失；
(2) 造成费用增加或工期损失的原因不是由于承包人的过失；
(3) 按合同规定不应由承包人承担的风险；
(4) 承包人在事件发生后的规定时限内提出了书面的索赔意向通知。

现由于发包人原因导致工程变更，使钢筋混凝土项目与原合同估算工程量 $8300m^3$（单价 150 美元/m^3，超过 25% 以上才允许调整单位价格）增加到 $12500m^3$。因此承包人按上述条件要求在规定的时限内向发包人提出了书面的索赔通知。

问题

通过监理人的努力，最后发包人与承包人达成一致意见，超出部分的钢筋混凝土单价为 135 美元/m^3。请问发包人应付给承包人总计多少美元？

要点分析

本案例主要考核工程量变更后，工程价款的计算原则。

参考答案

(1) 工程量的变化

工程变更导致增加的工程量：$12500 - 8300 = 4200(m^3)$，$4200 \div 8300 = 50.6\%$，已超过原工程量的 25%。

(2) 费用计算

超出 25% 以内的钢筋混凝土按原合同单价计算，25% 以外的钢筋混凝土按新单价计算。

$8300 \times (1+0.25) \times 150 + [12500 - 8300 \times (1+0.25)] \times 135 = 8300 \times 1.25 \times 150 + (12500 - 8300 \times 1.25) \times 135 = 1843125$（美元）

故发包人应付给承包人总计 1843125 美元。

案例 8

背景材料

某跨线桥工程基坑开挖后发现有城市供水管道横跨基坑，须将供水管道改线并对地基进行处理，为此业主以书面形式通知承包人停工 10 天，并同意合同工期顺延 10 天，为确保继续施工,要求工人、施工机械等不要撤离施工现场,但在通知中未涉及由此造成承包人停工损失如何处理。承包人认为对其损失过大,意欲索赔。

问题

1. 索赔能否成立？索赔的证据是什么？
2. 由此引起的损失费用项目有哪些？
3. 如果提出索赔要求,应向业主提供哪些索赔文件？

要点分析

本案例主要考察索赔成立的条件,索赔的内容与证据,索赔文件的种类、内容与形式。一般来说,凡是属于业主方原因引起的工期延误,都属于可原谅的和应予补偿的延误,承包人既有权得到工期延长,也有权得到附加开支的经济补偿。

参考答案

问题1：
承包人索赔成立。索赔的证据为业主提出的要求停工的书面通知书。

问题2：
费用损失项目主要包括：10天的工人窝工、施工机械停置及管理费用。

问题3：
承包人应向业主提供的索赔文件主要有：
①致业主的索赔信函,提出索赔要求。
②索赔报告。提出索赔事实和内容,引用文件说明索赔的合理性与合法性,提出索赔费用的计算依据及要求的赔偿金额。
③索赔费用计算书及索赔证据复印件。

案例 9

背景材料

某二级公路建设项目的主要施工工序见表6-1
施工单位编制的网络计划图如图6-1 所示。

某二级公路主要施工工序表　　　　　　　表6-1

工作代号	工作名称	备注
A	施工准备	
B	路基土石方开挖	其中部分石方需爆破施工
C	挡墙基坑开挖	
D	涵洞施工	
E	桥梁基础施工	钻孔灌注桩基础
F	边坡防护工程施工	分5级,平均高40cm
……	……	……

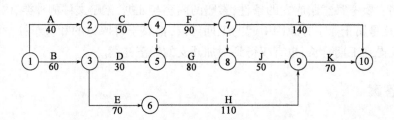

图6-1　网络计划图(单位:天)

施工中发生了如下事件：

事件1：由于施工单位设备故障，导致C工作中断4天。

事件2：由于百年一遇的冰雪灾害，导致D工作晚开工15天。

事件3：由于图纸晚到，导致E工作停工10天。

针对上述事件中的暂停施工，施工单位在合同规定时间内向监理提出了延期申请和费用索赔的要求。合同约定，成本损失费为1.5万元/天，利润损失费为0.2万元/天。

问题

1. 计算图示网络工期，并指出关键线路。
2. 针对背景资料给出的网络计划图，分别分析C、D、E工作工期索赔和费用索赔的合理性。
3. 计算可索赔的费用。

要点分析

本案例主要考察索赔成立的条件，索赔费用的计算。一般来说，凡是属于承包人方面引起的工期延误，承包人既无权得到工期延长，也不能获得任何经济补偿；凡属于客观原因引起的工期延误，既非承包人的责任，也不是业主能控制的，这种延误可原谅，但不予经济补偿,如果该项延误影响了关键线路,则应给予承包人延长工期,但如果该项影响不涉及关键线路上的工作,则不应给予工期延长;凡是业主方面的原因引起的工期延误,都属于应予补偿的延误,承包人既有权得到工期延长,也有权得到附加开支的经济补偿。

参考答案

问题1:
图示网络工期为320天,关键线路为:A-C-F-I。

问题2:
针对背景材料中的网络计划图,C、D、E工作工期索赔和费用索赔的合理性分析如下:

(1)C工作工期索赔和费用索赔不合理。因为导致C工作中断的原因是施工单位设备故障,应由施工单位承担责任。

(2)D工作工期索赔和费用索赔不合理。虽然百年一遇的冰雪灾害属于不可抗力,施工单位理应可以索赔工期,但是D工作的总时差为30天,晚开工15天没有超过其总时差,并未影响施工进度,所以不可提出工期索赔的申请。不可抗力发生后的停工损失的责任应由施工单位承担,所以也不可提出费用索赔的申请。

(3)E工作工期索赔不合理,费用索赔合理。图纸晚到造成的停工责任应由业主承担,因此可提出费用索赔的申请。E工作有10天的总时差,停工时间没有超过总时差,因此不可提出工期索赔的申请。

问题3:
可索赔的费用 = $10 \times (1.5 + 0.2) = 17$(万元)。

案例 10

背景材料

某工程项目建设单位与监理单位、施工单位分别签订了监理合同和施工合同。施工合同中规定,除空间桁架屋盖可分包给专业工程公司外,其他部分不得分包(除非业主同意)。本项目合同工期为22个月。

在工程开工前,施工单位在合同约定的日期内向总监理工程师提交了施工进度计划(图6-2)和一份工作报告。

工作报告的主要内容是:

(1)鉴于本项目需要安装专业的进口设备,需要将设备安装工程分包给专业安装公司。

(2)本项目两侧邻街,且为繁华交通要道,故需在施工之前搭设遮盖式防护栅,以保证过往行人安全。此项费用未包含在投标报价中,业主应另行支付。

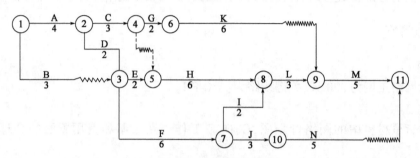

图 6-2 时标网络计划图

总监理工程师对施工单位提交的施工进度计划和工作报告进行了审核。施工单位在按总监理工程师确认的进度计划施工 0.5 个月后,因业主要求修改设计,致使工作 K(混凝土工程)停工等待 2.5 个月。设计变更后,施工单位及时通过总监理工程师向业主提出索赔申请,见表 6-2。

索 赔 申 请 表   表 6-2

序号	内　容	数　量	费 用 计 算	备　注
1	新增混凝土工程量	300 m³	300×200=60000(元)	混凝土工程单价 200 元/m³
2	混凝土搅拌机闲置补偿	60 台班	60×100=6000(元)	台班费 100 元/台班
3	人工窝工补偿	1800 工日	1800×28=50400(元)	工日费 28 元/工日

在施工过程中,部分施工机械由于运输原因未能按时进场,致使工作 H 的实际进度在第 12 月底时拖后 1 个月。

在工作 F 进行过程中,发生质量事故,总监理工程师下令停工,组织召开现场会议分析事故原因。该质量事故是由于施工单位施工工艺不符合施工规范要求所致。总监理工程师责令施工单位返工,工作 F 的实际进度在第 12 月底时拖后 1 个月。

问题

1. 为了确保本项目工期目标的实现,施工进度计划中哪些工作应作为重点控制对象?为什么?

2. 总监理工程师应如何处理施工单位工作报告中的各项要求?

3. 施工单位在索赔申请表中所列的内容和数量,经监理工程师审查后均属真实,但存在费用计算不妥之处。请说明费用计算不妥的项目及理由。

4. 监理工程师在处理质量事故时所需的资料有哪些?

5. 请在原进度计划中用前锋线表示出第 12 月底时工作 K、H 和 F 的实际进展情况,并分析进度偏差对工程总工期的影响。

6. 如果施工单位提出工期顺延 2.5 个月的要求，总监理工程师应批准工程延期多长时间？为什么？

要点分析

本案例主要考察工程分包的一般规定、索赔费用的计算、索赔工期及延期的计算。分包的一般规定中，除工程主体、关键性工作外，经发包人同意，承包人可将工程的其他部分分包给第三人。

参考答案

问题 1：

工作 A、D、E、H、L、M、F、I 应作为重点控制对象。从该时标网络计划图上可以看出，有两条关键线路，关键线路上的工作即为关键工作，总时差为零。判断关键线路的方法：从时标网络计划的终点节点起逆箭头方向到网络计划起点节点的通路上，没有波形线的线路就是关键线路。

问题 2：

总监理工程师对施工单位工作报告中的各项要求处理如下：

工作报告内容中的第 1 条分包问题，监理工程师报业主批准，如果业主同意分包，监理工程师需要审查分包商资质，资质合格前提下，允许分包；如果业主不同意分包，则不得分包。

工作报告中第 2 条内容，此项费用不应由业主支付。

问题 3：

施工单位的索赔申请表中第 2、3 项费用计算不妥。

设备闲置不能按台班费计算，应按折旧费、租赁费或闲置补偿计算；人工窝工不能按工日费计算，应按窝工补偿费计算。

问题 4：

处理质量事故时所需资料如下：

①与工程质量事故有关的施工图；

②与工程施工有关的资料、记录；

③事故调查分析报告。

问题 5：

进度计划前锋线如图 6-3 所示。

①工作 K 拖后 2.5 个月，其总时差为 2 个月，故将影响工期 0.5 个月。

②工作 H 拖后 1 个月，其总时差为零，故将使工期延长 1 个月。

③工作 F 拖后 1 个月，其总时差为零，故将使工期延长 1 个月。

综上所述，由于工作 K、H 和 F 的拖后，工期将延长 1 个月。

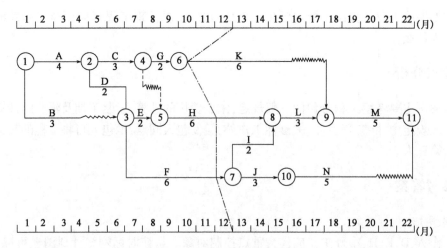

图 6-3 时标网络计划图(前锋线)

问题 6：

监理工程师应批准工程延期 0.5 个月。

因为工作 H、F 的拖后均属施工单位自身原因造成，只有工作 K 的拖后是由于业主变更设计导致，考虑给予工程延期。

工作 K 原有总时差为 2 个月，2.5 - 2 = 0.5(月)，故监理工程师应批准工程延期 0.5 个月。

案例 11

背景材料

某路桥公司(乙方)于某年 7 月 15 日与某业主(甲方)签订了修建某路口匝道的施工合同。乙方编制的施工方案和进度计划已获监理工程师批准。该工程的基坑开挖土方量为 5000m^3，综合费率为 20%，该基坑施工方案规定："土方工程采用租赁一台斗容量为 1.5m^3 的反铲挖掘机施工(租赁费 500 元/台班)。"甲、乙双方合同约定基坑开挖工作 8 月 1 日开工，8 月 10 日完工。在实际施工中发生了如下事件：

事件 1：因租赁的挖掘机大修，晚开工 2 天，造成人员窝工 10 个工日。

事件 2：施工过程中，因遇软土层，8 月 5 日接到监理工程师停工的指令，进行地质复查，配合用工 15 个工日。

事件 3：8 月 9 日接到监理工程师于 8 月 10 日复工的指令，同时接到基坑开挖深度加深 2m 的设计变更通知单，由此增加土方开挖量 1000m^3，土方单价为 4.20 元/m^3。

事件 4：8 月 10 日至 8 月 12 日，因下大雨迫使基坑开挖暂停，造成人员窝工 10 个工日。

事件 5:8 月 13 日用 30 个工日修复冲坏的永久性道路;8 月 14 日恢复挖掘工作,最终基坑于 8 月 20 日开挖完毕。

问题

1. 该路桥公司可以就上述哪些事件向业主要求索赔？哪些事件不可以要求索赔？请说明原因。

2. 每项事件工期索赔多少天？总计工期索赔多少天？

3. 假设人工费单价为 23 元/工日,因增加用工所需的管理费为增加人工费的 30%,则合理的费用索赔总额是多少？

4. 乙方应向甲方提供的索赔文件有哪些？

要点分析

本案例主要考察索赔成立的条件,申请索赔所需的文件,索赔费用及索赔工期的计算。通常索赔的费用包括人工费、材料费、机械费以及管理费。

参考答案

问题 1:

路桥公司能否提出索赔及其原因如下:

事件 1 不能提出索赔要求,因为租赁的挖掘机大修延迟开工,属承包方的责任。

事件 2 可提出索赔要求,因为地质条件变化属于业主应承担的责任。

事件 3 可提出索赔要求,因为这是由设计变更引起的,属于业主应承担的责任。

事件 4 可提出索赔要求,因为大雨迫使停工,属不可抗力原因,不可索赔费用,但需顺延工期。

事件 5 可提出索赔要求,因为雨后修复冲坏的永久道路,属于业主应承担的责任。

问题 2:

事件 2:可索赔工期 5 天(8 月 5 日至 9 日)。

事件 3:可索赔工期 2 天,因为增加土方量 1000m^3,由背景材料可知 5000m^3 土方工期为 10 天,则增加 1000m^3 土方量需 2 天施工。

事件 4:可索赔工期 3 天(8 月 10 日至 12 日)。

事件 5:可索赔工期 1 天(13 日)。

可索赔工期总计为:5 + 2 + 3 + 1 = 11(天)

问题 3:

计算合理的费用索赔额。

事件 2:人工费 = 15 × 23 × (1 + 30%) = 448.5(元)

机械闲置费用 = 500 × 5 = 2500(元)
事件 3：(1000 × 4.2) × (1 + 20%) = 5040(元)
事件 5：人工费 = 30 × 23 × (1 + 30%) = 897(元)
机械闲置费用 = 500 × 1 = 500(元)
可索赔费用总额为：448.5 + 2500 + 5040 + 897 + 500 = 9385.5(元)

问题 4：
路桥公司申请索赔应向业主提供索赔信、索赔报告、索赔证据以及索赔工期和费用详细计算书。

案例 12

背景材料

某高速公路项目利用世界银行贷款修建，施工合同采用《FIDIC 合同条件》，业主委托监理单位进行施工阶段监理。该工程在施工过程中陆续发生了如下事件（索赔工期与费用数据均符合实际）：

(1)施工期间，承包方发现施工图纸有误，需设计单位进行修改，由于图纸修改造成停工 30 天。承包方提出工期延期 30 天与费用补偿 3 万元的要求。

(2)施工期间因下雨，为保证路基工程填筑质量，总监理工程师下达了暂停施工指令，停工 8 天，其中连续 3 天出现低于工程所在地雨季平均降雨量的雨天气候，连续 5 天出现 50 年一遇特大暴雨。承包方提出工期延期 8 天与费用补偿 3 万元的要求。

(3)施工过程中，现场周围居民称承包方施工噪声对他们造成干扰，阻止承包方的混凝土浇筑作业。承包方提出工期延期 10 天与费用补偿 2 万元的要求。

(4)由于业主要求，原设计中的一座互通式立交桥设计长度增加 5m，监理工程师向承包方下达了变更指令，承包方收到变更指令后及时向该桥的分包单位发出了变更通知。分包方及时向承包方提出了索赔报告，报告内容包括：

①由于增加立交桥长度，需增加费用 20 万元和分包合同工期延期 30 天；

②此设计变更前因承包方使用而未按分包合同约定提供施工场地，导致工程材料到场二次倒运增加的费用 1 万元和分包合同工期延期 10 天的索赔。

承包方以已向分包单位支付赔偿款 21 万元的凭证为索赔证据，向监理工程师提出补偿该笔费用 21 万元和延长工期 40 天的要求。

(5)由于某路段路基基底是淤泥，根据设计文件要求，需进行换填，在招标文件中已提供了相关地质资料。承包方原计划使用隧道出渣作为填料换填，但施工中发现隧道出渣级配不符合设计要求，需要进一步破碎以达到级配要求，承包方认为施工费用高出合同单价,如仍按原价支付不合理,要求另外给予工期延期20天与费用补偿20万元。

问题

针对承包方提出的上述索赔要求,监理工程师应如何签署意见?

要点分析

本案例主要考察索赔成立的条件。

参考答案

(1)施工图纸修改是非承包方原因造成的,故监理工程师应批准工期补偿和费用补偿。

(2)异常恶劣气候造成的5天停工是承包方不可预见的,其余3天属于承包方应承担的风险责任。监理工程师应签证给予工期补偿5天;但不应给予费用补偿。

(3)第3条中阻扰施工的情况是承包人自身原因造成的,故不应给予费用补偿和工期补偿。

(4)监理工程师应批准由于设计变更导致的费用补偿20万元和工期补偿30天,其属于业主责任;不应批准材料倒运增加的费用补偿1万元和工期补偿10天,其属于承包方责任。

(5)第5条的情况是承包方应合理预见的,故监理工程师不应签证给予费用补偿和工期补偿。

案例 13

背景材料

某工程项目业主与某施工单位签订了施工承包合同,并与某监理单位签订了施工监理合同。合同签订后,总监理工程师及时组建了监理机构,并组织专业监理工程师编制了监理规划和相应的监理实施细则。在开工前的施工准备阶段实施监理时遇到了以下的一些情况:

(1)在施工合同专用条款中约定的开工前4天,施工承包单位派人口头通知监理工程师,以施工机械因故未能到场为由要求申请延期开工。监理工程师以其口头通知无效为由不予理睬。

(2)在投标期间承包方未在标书中提出分包要求。中标后,在合同约定开工日前10

天,承包方以地质条件复杂为由,书面申请将基础工程施工分包给某专业基础工程施工公司,并提交了分包商资质材料。此外,还以工期紧张为理由,书面申请将主体工程的一部分分包给某个一级资质工程承包公司。

(3)在招标阶段,业主在招标文件中指定要求将基础工程分包给业主推荐的某基础承包企业。施工单位中标后,与业主推荐的基础承包企业签订了分包合同。在施工中,由于分包单位的失误,质量不符合要求,因返工延误工期并造成一定的损失,总承包单位以分包单位是业主方指定的为由,认为总承包方不承担责任,而应由业主方承担。

(4)施工合同约定业主应按规定的时间提供图纸7套,但施工单位要求业主多提供2套图纸,双方就这2套图纸的费用承担问题发生分歧。在基础工程施工前,业主未能按期提供相应的图纸,使施工延误了一周,承包方以此为由提出了延长工期一周及补偿相应经济损失的要求。

(5)在合同约定的工程开工日前某个规定的时间,承包方按时提交了施工组织设计和施工进度计划,监理工程师及时进行了审查,并予以确认和批准。此后,承包方在按施工组织设计组织施工时,发现施工方案有缺陷,造成安全事故,延误了工程进度。为此,承包方以施工组织设计经监理工程师审查认可,监理工程师应承担相应责任为理由而提出索赔要求。

(6)按合同约定,发包人应在约定的开工日前7天向承包人支付相当于合同总额20%的工程预付款。但在合同约定的支付日,发包人以资金未到位为由而未支付,且承包人到约定支付日之后的第8天仍未收到预付款。为此,承包人向发包人发出要求支付的书面通知,但此后仍未见发包方支付。承包方于开工后的第10天停止了施工,并要求发包人承担由此造成的一切损失以及由约定支付日起算的利息。

问题

监理工程师应当如何对待与处理以上问题?

要点分析

本案例主要考察施工合同专用条款的相关内容,分包的相关规定。

参考答案

(1)承包方的做法不恰当,监理工程师应当在承包人提出口头要求时即提出其做法不符合合同规定程序。

通常来说承包人不能按时开工,应当按照合同规定,在开工日期前7天以书面形式向监理工程师提出延期开工的理由和要求。本例中,承包方在开工日前4天才口头通知监理工程师,显然不符合合同约定。

(2)监理工程师对于要求的基础工程施工分包可以允许,但部分主体工程分包是不能同意的。相关法律法规对工程分包的规定如下:

①未经发包人同意,承包人不得将承包工程的任何部分分包。
②主体工程不能分包,主要工程量必须由承包人完成,不允许承包人将工程肢解后以分包名义转包出去。
③经发包人同意的分包工程,承包人选择的分包人需提请监理工程师审查资质与能力,审查同意后方允许分包人进场施工。
④工程分包不解除承包人应承担的任何责任和义务。
⑤发包人未经承包人同意,不得以任何形式向分包人支付工程款。工程分包款应由承包人支付。

(3)承包单位的做法不正确。总承包人签订分包合同前应对分包工程及分包单位的资格和能力进行审查确认,并由总监理工程师给予签认。此外,工程分包并不能解除承包人应承担的责任和义务,总承包单位和分包单位就分包工程对建设单位承担连带责任。

(4)合同约定业主应提供的图纸份数是由业主免费提供的。而施工承包单位要求额外多提供的2套图纸费用则应由承包人承担。
由于业主未按期提交图纸而使施工延误了一周,监理工程师应同意按实际影响工期的天数给承包方延长工期,并由业主补偿由此导致的承包方窝工的经济损失。

(5)监理不能同意其索赔要求。
监理工程师对进度计划和对承包人施工进度的认可,不免除承包人对施工进度计划和施工组织设计的缺陷所应承担的责任。

(6)承包方的做法正确,符合一般合同规定的预付款管理程序。
根据《建设工程施工合同范本(通用条款)》中关于预付款支付的规定,"发包人不按约定支付预付款的,承包人在约定预付时间7天后向发包人发出要求预付的通知,发包人收到通知后仍不按要求支付,承包人可在发出通知后7天停止施工,发包人应从约定支付之日起向承包人支付应付款利息,并承担违约责任"。本例中承包人在约定支付时间(约定支付时间期限内未收到任何预付款项)的第8天发出书面要求的通知符合规定。在开工后的第10天(即发出通知后第10天)停止施工并要求发包人承担损失也符合规定。

案例 14

背景资料

某承包商(乙方)与业主(甲方)签订一份施工合同,规定合同工期为68天,工期每提前1天奖励2000元,每拖后一天罚款3000元。乙方提交的施工网络进度计划如图6-4所示,该计划得到甲方代表的批准。

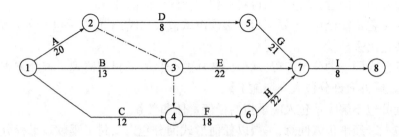

图 6-4 施工网络进度计划

在实际施工过程中发生了如下事件：

事件 1：甲方未能按时提供全部施工场地，使 A、B 两项工作的作业时间分别延长了 3 天和 2 天，造成这两项工作分别窝工 8 个和 10 个工作日。工作 C 未受影响。

事件 2：在工作 D 施工时，乙方主要施工设备出现故障，停工检修两天，造成窝工 20 个工作日。

事件 3：在工作 E 施工时，由于甲方提供的某种材料不合格，造成拆除用工 30 个工作日，机械设备闲置 3 个台班（台班单价为 300 元），材料费损失 2 万元，因拆除重新施工使作业时间延长 3 天。

事件 4：在工作 F 施工时，因设计变更，造成施工时间增加 2 天，增加人工 15 个工作日，增加其他费用 1 万元。

问题

1. 在上述事件中，乙方可就哪些事件提出工期补偿和费用补偿要求？
2. 该工程的实际施工天数为多少天？可得到的工期补偿为多少天？工期奖罚天数为多少天？
3. 当地人工日工资单价为 35 元/工日，窝工人工费补偿标准为 20 元/工日。施工管理费、利润等均不予补偿。则在该工程中，乙方可得到的合理经济补偿为多少？

要点分析

本案例主要考察索赔成立的条件，索赔费用及索赔工期的计算。

参考答案

问题 1：

事件 1 可以提出工期补偿和费用补偿要求，因施工场地未按时提供导致工期延长属于发包方应承担的责任，且工作 A 位于关键线路。

事件 2 不能提出补偿要求，因为施工设备故障属于承包方应承担的风险。

事件 3 可以提出费用补偿要求，因为发包方提供的材料不合格，应由甲方（发包方）

承担责任。但由此增加的作业时间没有超过该项工作的总时差,故工期补偿不成立。

事件 4 可以提出费用和工期补偿要求,因设计变更责任在发包方;且工作 F 位于关键路线。

问题 2:

该工程施工网络进度计划的关键线路为①→②→③→④→⑥→⑦→⑧,计划工期为 68 天,与合同工期相同。将各项工作的原计划持续时间以实际持续时间代替(图 6-5),计算网络图关键线路,发现原关键线路不变,但实际工期变化为 73 天。若将由发包人承担责任的各项工作延长天数加到原计划中,计算出的关键路线不变,工期仍为 73 天。所以该工程索赔工期为 5 天,工期奖罚天数为 0 天。

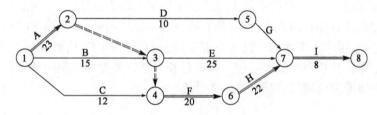

图 6-5　实际施工网络进度图

问题 3:

乙方可得到合理的经济补偿总额为:

$(8+10) \times 20 + 30 \times 35 + 3 \times 300 + 20000 + 15 \times 35 + 10000 = 32835(元)$

案例 15

背景资料

某路基土石方工程,主要的分项工程包括开挖土方、填方等,施工承包合同规定按实际完成工程量计价。根据合同的规定,承包方必须严格按照施工图及承包合同规定的内容及技术规范要求施工,工程量由监理工程师负责计量,工程的总价款根据承包方取得计量证书的工程量进行结算。工程开工前,承包方向业主提交了施工组织设计和施工方案并得到批准。

问题

1. 根据该工程的合同特点,监理工程师提出了计量支付的程序要求如下,试改正其不恰当和错误的地方。

①对已完成的分项工程向业主申请质量认证;

②在协议约定的时间内向监理工程师申请计量；

③监理工程师对实际完成的工程量进行计量，签发计量证书给承包方；

④承包方凭质量认证和计量证书向业主提出付款申请；

⑤监理工程师复核申报资料，确定支付款项，批准向承包方付款。

2. 在工程施工过程中，当进行到施工图所规定的处理范围边缘时，承包方为了使压实质量得到保证，将压实范围适当扩大，施工完成后，承包方将扩大范围的施工工程量向监理工程师提出计量付款的要求，但遭到拒绝。监理工程师为什么会做出这样的决定？

3. 在工程施工过程中，承包方根据业主指示就部分工程进行了变更施工，变更部分合同价款应根据什么原则进行确定？

4. 在土方开挖过程中，有两项重大原因使工期发生较大的拖延：一是土方开挖时遇到了一些地质勘探没有探明的孤石，排除孤石拖延了一定的时间；二是施工过程中遇到数天季节性小雨，由于雨后土中含水率过大不能立即进行压实施工，从而耽误了工期。随后，承包方按照正常索赔程序向监理工程师提出延长工期并补偿停工期间窝工损失要求。监理工程师是否该受理这两起索赔事件？为什么？

要点分析

本案例主要考察变更价款的确定原则及计量支付程序，索赔成立的条件。

参考答案

问题1：

规范的计量支付程序为：

①对已完成的分项工程向业主代表申请质量认证；

②取得质量认证后在协议约定的时间内向监理工程师申请计量；

③监理工程师按照规定的计量方法对合同规定范围内的工程量进行计量，签发计量证书给承包方；

④承包方凭质量认证和计量证书向监理工程师提出付款申请；

⑤监理工程师审核申报资料，确定支付款额，向业主提供付款证明文件。

问题2：

监理工程师拒绝的原因如下：

①该部分的工程量超出了施工图的要求。一般来讲，超出了施工图的要求也就超出了合同约定的工程范围，不属于监理工程师计量的范围。监理工程师无权处理合同以外的工程内容。

②该部分的施工是承包方为了保证施工质量而采取的技术措施，一般在业主没有批准追加相应费用的情况下，技术措施费用应由承包方自己承担。

问题3：

变更价款的原则为：

①已标价工程量清单或预算书有相同项目的,按照相同项目单价认定,变更合同价款。

②已标价工程量清单或预算书中无相同项目,但有类似项目的,参照类似项目的单价认定,变更合同价款。

③变更导致实际完成的变更工程量与已标价工程量清单或预算书中列明的该项目工程量的变化幅度超过15%的,或已标价工程量清单或预算书中无相同项目及类似项目单价的,按照合理的成本与利润构成比例,由合同当事人协商确定变更工作的单价,变更合同价款。

问题4:

监理工程师应对两项索赔事件做出如下处理:

①对处理孤石引起的索赔,这是地质勘探报告未探明的,施工单位预先无法估计的地质条件变化,属于业主应承担的风险,应予受理。

②由于阴雨天气属正常季节性天气,这是有经验的承包人预先应估计的因素,在合同工期内应作考虑,因而索赔理由不成立,索赔应予驳回。

案例 16

背景资料

某工程深基坑支护系统包括围护桩、顶梁、钢筋混凝土水平支撑、锚杆等,围护桩为干挖桩。业主通过招标确定 A 承包人中标。A 承包人报价明细见表 6-3。

A 承包人报价明细表　　　　表 6-3

序号	项目名称	单位	工程量	预算单价(元/m³)	优惠后单价(元/m³)	优惠后总价(万元)
1	顶梁(不含土方)	m³	1015.67	685.07	527.50	53.57
2	干挖桩(不含土方)	m³	5901.70	936.96	721.40	425.70
3	钢筋混凝土支撑	m³	398.00	777.60	598.80	23.80
4	凿除桩头	m³	305.50	68.17	43.00	1.30
A	工程费合计					1054.30
B	设计费					8.90
C	风险费					26.80
D	监理费					40.00
E	包干费					50.00
	报价总计					1180.00

业主认可 A 承包方优惠后的报价,并以 1180 万元就合同内容一次包干。由于当时业主意向性认可土方开挖仍由 A 承包方施工,故围护施工中顶梁、围护桩的土方纳入今后土方开挖总量包干。可是,进入土方开挖阶段,业主以 640 万元的总价将 18 万 m³ 的土方任务包给 B 承包方,并明确 640 万元中凿除桩头费用为 10 万元,降水费 1.5 元/m³。

A 承包方由于未接到土方开挖任务但实际已开挖土方,因此,向业主提出:要求按业主与 B 承包方签订的土方单价补偿 A 承包方在围护桩施工期间实际发生的土方费用。

问题

1. A 承包方要求是否合理?
2. 监理工程师应如何核算该部分费用?

要点分析

本案例主要考察索赔成立的条件及索赔费用的计算。

参考答案

问题 1:

A 承包方在围护桩施工期间完成的土方任务,属合同之外的内容,但已实际发生,A 承包方要求补偿是合理的。

问题 2:

土方开挖总价 640 万元,土方实际单价应扣除凿桩头及降水费用,即:

$(6400000 - 100000 - 1.5 \times 180000) \div 180000 = 33.5 (元/m^3)$

$33.5 \times (1015.67 + 5901.7) = 231731.90 (元)$

业主应支付给 A 承包方 231731.90 元土方开挖费用。

案例 17

背景资料

某公路工程建设项目,业主与施工单位签订了工程施工合同,工程未进行投保。在工程施工过程中,遭受暴风雨不可抗力的袭击,造成了相应的损失,施工单位及时向监理单位工程师提出索赔要求,并附索赔有关的资料和证据。索赔报告的基本要求如下:

(1) 遭受暴风雨袭击是因非施工单位原因造成的损失,故应由业主承担赔偿责任。

(2) 已建分部分项工程造成破坏,损失计 18 万元,应由业主承担修复的经济责任,施工单位不承担修复的经济责任。

（3）施工单位人员因此灾害数人受伤,处理伤病医疗费用和补偿总计3万元,业主应给予补偿。

（4）施工单位已进场的施工机械、设备受到损坏,造成损失8万元,由于现场停工造成台班费损失4.2万元,业主应负担赔偿和修复的经济责任。工人窝工费3.8万元,业主应给予支付。

（5）因暴风雨造成现场停工8天,要求合同工期顺延8天。

（6）由于工程破坏,清理现场需费用2.4万元,业主应予支付。

问题

1. 监理工程师接到施工单位提交的索赔申请后,应进行哪些工作？
2. 不可抗力风险责任承担的原则是什么？对施工单位提出的要求应如何处理？

要点分析

本案例主要考察索赔的程序,施工合同中关于不可抗力的风险责任划分原则。

参考答案

问题1:
监理工程师接到施工单位提交的索赔申请后,应进行的工作如下:
①审核承包人的索赔申请;
②进行调查、取证;
③按索赔成立的原则,审查判定索赔成立的条件,确定索赔是否成立;
④分清责任,认可合理索赔;
⑤与承包方协商补偿额;
⑥提出自己的索赔处理决定;
⑦签发索赔报告,并将处理意见抄送发包方;
⑧若批准索赔额度超过监理工程师权限,应报请发包方批准。

问题2:
（1）不可抗力风险承担的原则如下:
①工程本身的损害、因工程损害导致第三方人员伤亡和财产损失以及运至施工场地用于施工的材料和待安装的设备的损害,由发包方承担;
②承包方、发包方人员伤亡由其所在单位负责,并承担相应费用;
③承包方的施工机械设备损坏及停工损失,应由承包方承担;
④停工期间,承包方应发包方要求留在施工场地的必要的管理人员及保卫人员的费用应由发包方承担;

⑤工程所需清理、修复费用，应由发包方承担；

⑥不可抗力解除后复工的，若不能按期竣工，应合理顺延工期；发包方要求赶工的，赶工费用应由发包方承担。

（2）对施工单位提出的索赔要求处理如下：

①遭受暴风雨袭击造成的经济损失由双方分别承担，工期予以顺延；

②工程修复、重建的18万元工程款由业主支付；

③施工单位人员受伤医疗费与补偿金3万元由施工单位承担；

④施工单位进场的施工机械、设备受到损坏及停工损失，窝工费由施工单位承担；

⑤暴风雨造成现场停工8天，工期予以顺延；

⑥工程所需清理费用2.4万元由业主支付。

案例 18

背景材料

某桥梁工程建设项目的合同价为2000万元，合同工期为8个月。在施工过程中，发生如下事件，施工单位及时向监理工程师提出工期和费用索赔。

事件1：在基坑开挖时，个别部位的实际土质与给定地质资料不符，造成施工费用增加3万元，相应工序的持续时间增加了5天。

事件2：施工单位为了保证质量扩大基础底面，开挖量增加，导致费用增加3万元，相应工序的持续时间增加了3天。

事件3：在主体工程砌筑过程中，因施工图设计有误，实际工程量增加4万元，相应工序的持续时间增加了2天。

事件4：恰逢30年一遇的大雨，造成停工损失3万元，工期增加了5天。

事件5：施工单位因施工设备出现故障，停工2天，造成窝工50个工作日，每个工作日工资120元。

事件6：因业主提供的某种材料质量不合格，业主决定更换材料，造成拆除用工费5000元，机械闲置3个台班，每个台班5000元，材料损失5万元，重新修建费6万元，因拆除、重修使工期延长5天。

假设以上事件全部发生在关键线路上。

问题

1. 施工单位对施工过程中发生的上述事件的工期和费用索赔是否成立？可索赔的工期和费用分别为多少？说明理由。

2. 在工程保修期间发生了由施工单位原因引起的桥顶漏水、面层剥落等问题,业主在多次催促施工单位修理而施工单位一再拖延的情况下,另请其他施工单位维修。所发生的维修费用该如何处理?

要点分析

本案例所考核的内容主要为工期及费用索赔,以及质量保证金等相关知识要点。

参考答案

问题1:

(1)事件1 工期、费用索赔均成立。可索赔工期5天,索赔费用3万元。

理由:业主提供的地质资料与实际情况不符,这是承包商不可预见的,属于业主应承担的责任。

(2)事件2 工期和费用索赔均不成立。

理由:该工作属于承包商采取的质量保证措施,属于承包商应承担的责任。

(3)事件3 工期、费用索赔均成立。可索赔工期2天,索赔费用4万元。

理由:设计方案有误属于业主应承担的责任,与施工单位无关。

(4)事件4 工期索赔成立,费用索赔不成立。可索赔工期5天。

理由:30年一遇的大雨属于不可抗力因素,停工经济损失由施工单位承担,工期损失应由业主承担。

(5)事件5 工期、费用索赔均不成立。

理由:施工单位设备故障导致的停工、窝工,属于施工单位应承担的责任。

(6)事件6 工期、费用索赔均成立。可索赔工期5天,索赔费用 $0.5+3\times0.5+5+6=13(万元)$。

理由:业主提供材料不合格造成的损失是业主的责任,应由业主承担。

问题2:

所发生的维修费用应从工程承包方保修金(或质量保证金、保留金)中扣除。

第七章
公路工程建设项目价款结算与竣工决算

[学习目标]

通过本章的学习,掌握工程预付款支付与扣回方法,掌握工程质量保证金的计算与扣留,掌握工程价款结算与支付的方法,掌握工程价款调整方法,了解工程竣工决算的内容、编制依据及步骤,了解新增资产构成及其价值确定,掌握投资偏差、进度偏差分析方法,了解工程计量支付软件在价款结算中的应用。

案例 1

背景材料

某一级公路合同段,签约合同价 5000 万元,工期为 6 个月。招标文件按《公路工程标准施工招标文件》(2018 年版)编制。合同约定按实际完成工程量以合同清单单价进行结算。

合同项目专用条款约定开工预付款为签约合同价的 20%,计量累计达签约合同价的 30% 开始扣回,至计量累计达到签约合同价的 80% 时扣完。

合同约定月支付的最低限额为 300 万元。合同约定预留质量保证金为月支付额的 3%,与计量支付同步扣留,计量支付按月进行。

开工后,各月实际完成并经监理工程师确认合格的工程量(假定各月计量与实际完成工程量完全一致)见表 7-1。

各月计量工程数量表 表 7-1

月份	1	2	3	4	5	6
完成额(万元)	400	750	1350	1485	315	850

问题

1. 开工预付款金额为多少？
2. 计算本工程的预付款起扣月份和数额，以及完成扣回的月份。
3. 计算按月支付的工程进度款。
4. 计算本工程的工程结算款。

要点分析

本案例所考核的内容主要是工程价款支付与结算的相关知识，预付款的支付与扣回方法，预留质量保证金的扣留计算方法等。

参考答案

问题 1：

开工预付款为合同总价的 20%，即：$5000 \times 20\% = 1000.00$（万元）

问题 2：

开工预付款起扣点：$5000 \times 30\% = 1500.00$（万元）

前 2 个月累计完成：$400 + 750 = 1150$（万元）

前 3 个月累计完成：$400 + 750 + 1350 = 2500$（万元）

显然从第 3 个月开始扣回预付款，即本工程开工预付款起扣月份为第 3 个月。

预付款为合同价的 20%，超过起扣点后每次计量扣回比例为：$20\% \div (80\% - 30\%) = 40\%$

第 3 个月扣回数额 $= (2500 - 1500) \times 40\% = 400.00$（万元）

第 4 个月扣回数额 $= 1485 \times 40\% = 594.00$（万元）

第 5 个月扣回数额 $= 1000 - 400 - 594 = 6$（万元）

即完成扣回的月份为第五个月末。

问题 3：

该项目按月支付的工程款为：

第 1 个月：$400 \times (1 - 3\%) = 388.00$（万元）

第 2 个月：$750 \times (1 - 3\%) = 727.50$（万元）

第 3 个月：$1350 \times (1 - 3\%) - 400 = 909.50$（万元）

第 4 个月：$1485 \times (1 - 3\%) - 594 = 846.45$（万元）

第 5 个月：$315 \times (1 - 3\%) - 6 = 299.55$（万元）$< 300$ 万元，未达到支付最低限额，故

本月不支付工程款。

第 6 个月：$850 \times (1-3\%) = 824.50$（万元）。因第 5 个月未支付工程款，故第 6 个月需要支付的工程款 $= 299.55 + 824.5 = 1124.05$（万元）。

问题 4：

各月工程数量累计完成额 $= 400 + 750 + 1350 + 1485 + 315 + 850 = 5150.00$（万元）

按月累计支付 $= 1000 + 388.00 + 727.50 + 909.50 + 846.45 + 0 + 1124.05 = 4995.50$（万元）

质量保证金 $= 5150 \times 3\% = 154.50$（万元）

累计应支付款 $= 5150 - 154.50 = 4995.50$ 万元（与累计支付相吻合）

因此，本项目的竣工结算工程款为 5150 万元，已支付工程款 4995.50 万元，扣留质量保证金 154.50 万元，质量保证金在缺陷责任期满后支付。

案例 2

背景材料

某工程项目建设单位就路基土方工程与承包商签订了工程施工承包合同。合同估算工程量为 $50000 m^3$，综合费用单价为 24 元$/m^3$，合同工期为 5 个月。有关付款条款如下：

（1）开工前业主应向承包商支付估算合同总价的 20% 的工程预付款；

（2）业主自第 1 个月起，从承包商的工程款中，按 3% 的比例扣留质量保证金；

（3）当实际完成工程量增减幅度超过估算工程量的 15% 时，可进行调价，调价系数为 0.9（或 1.1）；

（4）每月支付工程款最低金额为 20 万元；

（5）工程预付款从累计已完工程款超过估算合同价 30% 以后的下一个月起，用 2 个计量支付周期均匀扣回。

承包商每月实际完成并经签证确认的工程数量见表 7-2。

承包商每月实际完成并经签证确认的工程数量表　　表 7-2

月份	1	2	3	4	5
完成工程量（m^3）	8000	12000	15000	18000	12000
累计完成工程量（m^3）	8000	20000	35000	53000	65000

问题

1. 估算合同总价为多少？
2. 工程预付款为多少？工程预付款从哪个月开始起扣？每月应扣工程预付款为

多少？

3. 每月工程量价款为多少？业主应支付给承包商的工程款为多少？

要点分析

本案例主要考核根据合同约定处理工程预付款的常见操作方法，一般来讲依据合同约定比按照理论计算方法处理工程预付款操作方便、实用性强。本案例还涉及采用估计工程量单价合同情况下，合同单价的调整等有关知识。

参考答案

问题1：
估算合同总价 = 5 × 24 = 120.00（万元）
问题2：
(1) 工程预付款：120 × 20% = 24.00（万元）
(2) 估算合同总价的30%：120 × 30% = 36.00（万元）
第1个月累计已完工程款：8 × 24 = 19.20（万元）
第2个月累计已完工程款：2 × 24 = 48.00（万元）> 36.00万元，即工程预付款从第3个月起扣留。
(3) 从第3月开始扣预付款，截至4月扣完，共扣2个月。
每月应扣预付款：24 ÷ 2 = 12.00（万元）
问题3：
(1) 第1个月工程量价款：8 × 24 = 19.20（万元）
应扣质量保证金：19.20 × 3% = 0.58（万元）
本月应支付工程款：19.20 − 0.58 = 18.62（万元）< 20.00万元，故第1个月不予支付工程款。
(2) 第2个月工程量价款：1.2 × 24 = 28.80（万元）
应扣质量保证金：28.80 × 3% = 0.86（万元）
本月应支付工程款：28.80 − 0.86 = 27.94（万元）> 20.00万元
第2个月业主应支付给承包商的工程款：27.94 + 18.62 = 46.56（万元）
(3) 第3个月工程量价款：1.5 × 24 = 36.00（万元）
应扣质量保证金：36.00 × 3% = 1.08（万元）
本月应支付工程款：36.00 − 1.08 = 34.92（万元）> 20.00万元，此外第3个月业主应扣回12万元的预付款，故第3个月业主应支付给承包商的工程款为34.92 − 12 = 22.92（万元）。
(4) 第4个月累计完成工程量 $53000m^3$，比原估算工程量超出 $3000m^3$，但未超出估算工程量的15%，所以仍按原单价结算。

本月工程量价款:$1.8 \times 24 = 43.20$(万元)

应扣质量保证金:$43.20 \times 3\% = 1.30$(万元)

本月应支付工程款:$43.20 - 1.30 = 41.90$(万元)> 20.00万元,此外考虑到业主应在第4个月扣回12万元的预付款,故第4个月业主应支付给承包商的工程款为$41.90 - 12 = 29.9$(万元)。

(5)第5个月累计完成工程量$65000m^3$,比原估算工程量超出$15000m^3$,已超出估算工程量的15%,对超出的部分应调整单价。

应按调整后的单价结算的工程量为$65000 - 50000 \times (1 + 15\%) = 7500.00(m^3)$

本月工程量价款:$7500 \times 24 \times 0.9 + (12000 - 7500) \times 24 = 270000$(元)

应扣质量保证金:$27.00 \times 3\% = 0.81$(万元)

本月应支付工程款:$27.00 - 0.81 = 26.19$(万元)> 20.00万元,故第5个月业主应支付给承包商的工程款为26.19万元。

案例 3

背景材料

某工程的时标网络计划如图7-1所示,工程计划投资和实际投资数据见表7-3。工程进展到第5个月、第10个月、第15个月底时,分别检查了工程进度,相应绘制了3条实际进度前锋线,如图中的点划线所示。

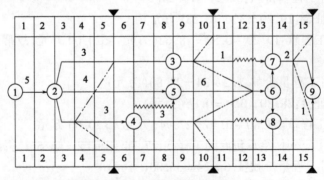

注:图中每根箭线上方数值为该工作每月计划投资。

图7-1 时标网络计划(单位:月)

工程投资数据(单位:万元) 表7-3

月份	1	2	3	4	5	6	7	8	9	10	11	12	13	14	15
拟完工程计划投资累计值	5	10	20	30	40	50	60	70	80	90	100	106	112	115	118
已完工程实际投资累计值	5	15	25	35	45	53	61	69	77	85	94	103	112	116	120

问题

1. 计算第 5 个和第 10 个月底的已完工程计划投资(累计值)各为多少?
2. 分析第 5 个和第 10 个月底的投资偏差。
3. 分析第 5 个和第 10 个月底的进度偏差。
4. 根据第 5 和第 10 个月实际进度前锋线分析工程进度情况。
5. 第 15 个月底检查时,工作⑦→⑨因为特殊恶劣天气造成工期拖延 1 个月,施工单位损失 3 万元。因此,施工单位提出要求工期延长 1 个月和费用索赔 3 万元。造价工程师应批准工期、费用索赔多少? 为什么?

要点分析

本案例要求熟悉并掌握工程网络计划技术的有关内容,尤其对工程的时标网络计划和实际进度前锋线,要能够灵活运用;并掌握投资偏差、进度偏差的基本概念和计算方法;掌握工程的索赔条件、索赔内容及相应的计算方法。

$$投资偏差 = 已完工程计划投资 - 已完工程实际投资 \qquad (7\text{-}1)$$
$$进度偏差 = 已完工程计划投资 - 拟完工程计划投资 \qquad (7\text{-}2)$$

参考答案

问题 1:

第 5 个月底,已完工程计划投资: $5 \times 2 + 3 \times 3 + 4 \times 2 + 3 \times 1 = 30$(万元)

第 10 个月底,已完工程计划投资: $5 \times 2 + 3 \times 6 + 4 \times 6 + 3 \times 4 + 1 + 6 \times 4 + 3 \times 3 = 98$(万元)

问题 2:

投资偏差 = 已完工程计划投资 - 已完工程实际投资

第 5 个月底的投资偏差 = $30 - 45 = -15$(万元),即投资增加 15 万元;

第 10 个月底的投资偏差 = $98 - 85 = 13$(万元),即投资节约 13 万元。

问题 3:

进度偏差 = 已完工程计划投资 - 拟完工程计划投资

第 5 个月底,进度偏差 = $30 - 40 = -10$(万元),即进度拖延 10 万元;

第 10 个月底,进度偏差 = $98 - 90 = 8$(万元),即进度提前 8 万元。

问题 4:

(1)第 5 个月底,工程进度情况为:

②→③工作进度正常;

②→⑤工作拖延 1 个月,将影响工期 1 个月,因为是关键工作;

②→④工作拖延2个月,不影响工期,因为有2个月总时差。

从第5个月底的工程进度来看,受②→⑤工作拖延1个月的影响,工期将延长1个月。

(2)第10个月底,工程进度情况为:

③→⑦工作拖延1个月,因为有2个月总时差,不影响工期;

⑤→⑥工作提前2个月,有可能缩短工期2个月,因为是关键工作;

④→⑧工作拖延1个月,但不影响工程进度,因为有2个月的机动时间。

从第10个月底的工程进度来看,受③→⑦工作拖延1个月和⑤→⑥工作提前2个月的共同影响,工期将缩短1个月。

问题5:

造价工程师应批准延长工期1个月;费用索赔不予批准。

因为特殊恶劣的气候条件应按不可抗力处理,造成的工期拖延,可以要求顺延,但不能要求赔偿经济损失。

案例4

背景材料

某建设单位拟编制某公路项目的竣工决算。该建设项目包括第1合同段(主线工程)、第2合同段(连接线工程)和第3合同段(附属设施)。在建设期内,各项目工程竣工决算数据见表7-4。工程建设其他投资完成情况如下:支付行政划拨土地的土地征用及迁移费1500万元,支付土地使用权出让金2100万元;建设单位管理费1200万元(其中800万元构成固定资产);勘察设计费980万元;专利费65万元;非专利技术费25万元;获得商标权40万元;生产职工培训费50万元;报废工程损失费20万元;试运营阶段支出60万元,收入24万元。

某公路项目竣工决算数据表(单位:万元)　　　　表7-4

项目名称	建筑安装工程费	设备费	生产器具	
			总额	达到固定资产标准
第1合同段(主线工程)	6400	480	320	210
第2合同段(连接线工程)	1200	100	170	120
第3合同段(附属设施)	580	20	—	—
合计	8180	600	490	330

问题

1. 什么是建设项目竣工决算？竣工决算包括哪些内容？
2. 试确定主线工程新增固定资产价值（共同费用均按建安费比例分摊，下同）。
3. 试确定该建设项目的固定资产、流动资产、无形资产和其他资产价值。
4. 编制竣工决算的依据有哪些？
5. 如何进行竣工决算的编制？

要点分析

本案例主要考察建设项目竣工决算的概念、内容、编制依据与步骤的相关知识，并掌握建设项目新增资产的分类方法和固定资产、流动资产、无形资产以及其他资产的概念及其价值确定方法。

（1）新增固定资产价值包括：

①建筑、安装工程造价；

②达到固定资产标准的设备和工器具的购置费用；

③增加固定资产价值的其他费用，包括：土地征用及土地补偿费、联合试运转费、勘察设计费、可行性研究费、施工机构迁移费、报废工程损失费和建设单位管理费中达到固定资产标准的办公设备、生活家具用具和交通工具等购置费。其中，联合试运转费是指整个车间有负荷或无负荷联合试运转发生的费用支出大于试运转收入的亏损部分。

新增固定资产价值的其他费用应按单项工程以一定比例分摊。分摊时，建设单位管理费由建筑工程、安装工程、设备费总额按比例分摊；土地征用及土地补偿费、地质勘察和建筑工程设计费等由建筑工程造价按比例分摊。

（2）流动资产价值包括：达不到固定资产标准的设备工器具、现金、存货、应收及应付款项等价值。

（3）无形资产价值包括：专利权、非专利技术、著作权、商标权、土地使用权出让金及商誉等价值。

（4）其他资产价值包括：开办费（建设单位管理费中未计入固定资产的其他费用，生产职工培训费）、以租赁方式租入的固定资产改良工程支出等。

参考答案

问题1：

建设项目竣工决算是由建设单位编制的反映建设项目实际造价和投资效果的文件，是竣工验收报告的重要组成部分。建设项目竣工决算应包括从项目筹划到竣工投产全过程的全部实际费用。

竣工决算的内容包括竣工财务决算说明书、竣工财务决算报表、工程竣工图和工程造价对比分析四个部分。

问题2：

第1合同段(主线工程)的新增固定资产价值：$(6400+480+210)+(1500+800+980+20+60-24)\times 6400\div 8180=7090+2610.07=9700.07$(万元)

问题3：

该建设项目的固定资产、流动资产、无形资产和其他资产价值分别为：

(1)固定资产价值：$(8180+600+330)+(1500+800+980+20+60-24)=12446$(万元)

(2)流动资产价值：$490-330=160$(万元)

(3)无形资产价值：$2100+65+25+40=2230$(万元)

(4)其他资产价值：$(1200-800)+50=450$(万元)

问题4：

编制竣工决算的主要依据包括：

(1)经批准的可行性研究报告和投资估算书；

(2)经批准的初步设计或扩大初步设计及其概算或修正概算书；

(3)经批准的施工图设计及其施工图预算书；

(4)设计交底或图纸会审会议纪要；

(5)标底(或招标控制价)、承包合同、工程结算资料；

(6)施工记录或施工签证单及其他施工发生的费用记录,如索赔报告与记录等停(交)工报告；

(7)竣工图及各种竣工验收资料；

(8)历年基建资料、财务决算及批复文件；

(9)设备、材料调价文件和调价记录；

(10)经上级指派或委托社会专业中介机构审核,各方认可的施工结算书；

(11)有关财务核算制度、办法和其他有关资料、文件等。

问题5：

竣工决算的编制应按下列步骤进行：

(1)搜集、整理、分析原始资料；

(2)对照、核实工程及变更情况,核实各单位工程、单项工程造价；

(3)审定各有关投资情况；

(4)编制竣工财务决算说明书；

(5)认真填报竣工财务决算报表；

(6)认真做好工程造价对比分析；

(7)整理、装订好竣工图；

(8)按国家规定上报审批、存档。

案例 5

背景材料

某工程项目建设单位就浆砌挡土墙工程与承包商签订了工程施工承包合同。合同中估算工程量为 7900m³，全费用单价为 280 元/m³，合同工期为 6 个月。有关付款条款如下：

(1) 开工前业主应向承包商支付估算合同总价 20% 的工程预付款；
(2) 业主自第 1 个月起，从承包商的工程款中，按 3% 的比例扣留质量保证金；
(3) 当实际完成工程量增减幅度超过估算工程量的 15% 时，可进行调价，调价系数为 0.9（或 1.1）；
(4) 每月支付工程款最低金额为 50 万元；
(5) 工程预付款从累计已完工程款超过估算合同价 30% 以后的下 1 个月起，至第 5 个月均匀扣除。

承包商每月实际完成并经签认的工程量数量表见表 7-5。

承包商每月实际完成并经签证确认的工程量数量表　　表 7-5

月份	1	2	3	4	5	6
完成工程量（m³）	1200	1500	1800	1800	1800	1500
累计完成工程量（m³）	1200	2700	4500	6300	8100	9600

问题

1. 估算合同总价为多少？
2. 工程预付款为多少？工程预付款从哪个月起扣？每月应扣工程预付款为多少？
3. 每月工程量价款为多少？业主应支付给承包商的工程款为多少？

要点分析

本题考查工程价款支付与结算的相关知识，主要掌握的知识点是预付款扣回的计算。

参考答案

问题 1：
估算合同总价：$7900 \times 280 = 22.12$（万元）。

问题 2:

(1) 工程预付款:$221.20 \times 20\% = 44.24$(万元)。

(2) 估算合同总价的 30%:$221.20 \times 30\% = 66.36$(万元)。

第 1 月累计已完工程款:$1200 \times 0.028 = 33.60$(万元);

第 2 月累计已完工程款:$2700 \times 0.028 = 75.60$(万元) > 66.36(万元);即工程预付款从第 3 月起扣留。

(3) 从第 3 月起扣,截至第 5 月扣完,共扣 3 个月。每月应扣工程预付款:$44.24 \div 3 = 14.75$(万元)。

问题 3:

(1) 第 1 个月

工程量价款:$1200 \times 0.028 = 33.60$(万元);

应扣留质量保证金:$33.60 \times 3\% = 1.01$(万元);

本月应支付工程款:$33.60 - 1.01 = 32.59$(万元) < 50(万元);故第 1 个月不予支付工程款。

(2) 第 2 个月

工程量价款:$1500 \times 0.028 = 42.00$(万元);

应扣留质量保证金:$42.00 \times 3\% = 1.26$(万元);

本月应支付工程款 $42.00 - 1.26 = 40.74$(万元);

$32.59 + 40.74 = 73.33$(万元) > 50 万元,故第 2 个月业主应支付给承包商的工程款为 73.33 万元。

(3) 第 3 个月

工程量价款:$1800 \times 0.028 = 50.40$(万元);

应扣留质量保证金:$50.40 \times 3\% = 1.51$(万元);

应扣工程预付款:14.75 万元;

本月应支付工程款:$50.40 - 1.51 - 14.75 = 34.14$(万元) < 50 万元,故第 3 个月不予支付工程款。

(4) 第 4 个月

工程量价款:$1800 \times 0.028 = 50.40$(万元);

应扣留质量保证金:1.51 万元;

应扣工程预付款:14.75 万元;

本月应支付工程款:34.14 万元;

$34.14 + 34.14 = 68.28$(万元) > 50 万元,故第 4 个月业主应支付给承包商的工程款为 68.28 万元。

(5) 第 5 个月累计完成工程量为 8100m^3,比原估算工程量超出 200m^3,但未超出估算工程量的 15%,所以仍按原单价结算。

本月工程量价款:$1800 \times 0.028 = 50.40$(万元);

应扣留质量保证金:1.51万元;

应扣工程预付款:14.75万元;

本月应支付工程款:34.14万元<50万元,故第5个月不予支付工程款。

(6)第6个月累计完成工程量为9600m³,比原估算工程量超出1700m³,已超出估算工程量的15%,对超出的部分应调整单价。

应按调整后的单价结算的工程量:9600−7900×(1+15%)=515(m³);

本月工程量价款:515×0.028×0.9+(1500−515)×0.028=40.56(万元);

应扣留质量保证金:40.56×3%=1.22(万元);

本月应支付工程款:40.56−1.22=39.40(万元);

第6个月业主应支付给承包商的工程款:39.40+34.14=73.54(万元)。

案例 6

背景材料

某公路工程合同总价为12000万元,开工预付款为合同总价的20%。表7-6是承包人每月实际完成的工程计量价款。

承包人每月实际完成工程计量数量表　　　　　表7-6

月份	1	2	3	4	5	6	7	8
计量价款(万元)	600	900	1500	1800	2400	1800	1800	1200

根据合同的规定,开工预付款在达到签约合同价30%之后,开始按工程进度以固定比例(即每完成签约合同价的1%,扣回开工预付款的2%)分期从各月的进度付款证书中扣回,全部金额在进度付款证书的累计金额达到签约合同价的80%时扣完。

问题

1. 开工预付款金额为多少?
2. 开工预付款的起扣月是第几月,并说明理由。
3. 计算从起扣月开始每个月应扣回的开工预付款金额。

要点分析

本题考查工程价款支付与结算的相关知识,需要掌握的知识点是预付款扣回的计算。

参考答案

问题1：

开工预付款为合同总价的20%，即：12000×20%＝2400(万元)。

问题2：

开工预付款的起扣月计算。起扣点：12000×30%＝3600(万元)。

前3个月累计完成600＋900＋1500＝3000(万元)，前4个月累计完成600＋900＋1500＋1800＝4800(万元)。显然从第4个月开始扣回预付款，即本工程开工预付款的起扣月份为第4个月。

问题3：

开工预付款扣回金额：预付款为合同价款的20%，超过起扣点后每次计量扣回的比例为20%÷(80%－30%)＝40%，扣止点为12000×80%＝9600万元；

第1个月：累计计量价款为600万元，未达到开工预付款起扣点，不需扣回；

第2个月：累计计量价款为1500万元，未达到开工预付款起扣点，不需扣回；

第3个月：累计计量价款为3000万元，未达到开工预付款起扣点，不需扣回；

第4个月：累计计量价款为4800万元，本月应扣回预付款(4800－3600)×40%＝480(万元)；

第5个月：当月计量价款为2400万元，累计计量价款为7200万元，本月应扣回预付款2400×40%＝960(万元)；

第6个月：当月计量价款为1800万元，累计计量价款为9000万元，本月应扣回预付款1800×40%＝720(万元)；

第7个月：当月计量价款为1800万元，累计计量价款为10800万元，占合同价款的90%，预付款应在累计金额达到签约合同价的80%时(即9600万元)扣完，本月应扣回预付款2400－480－960－720＝240(万元)；

至此，开工预付款已全额扣回，第8个月不需再扣回开工预付款。

第八章
公路工程建设项目审计

[学习目标]

通过本章学习,了解公路建设项目前期决策、可行性研究及投资估算;勘察设计;施工图预算;招投标及工程量清单编制及施工管理过程中涉及工程造价的相关审计分析方法。

案例 1

背景材料

2015 年,某地方交通运输企业申请修建某县通往某历史古迹遗址二级公路建设项目,全线长 35km。该工程建设工期 1 年,项目总投资估算为 4000 万元。该项目的建设可促使当地旅游业的发展,让更多的人了解历史文化,同时对地区的经济发展具有十分重要的意义。为了确保项目顺利通过审批,该企业委托某工程咨询公司对其可行性研究报告进行审核把关。

咨询公司审核该项目可行性研究报告时发现存在如下问题:

该项目的可行性研究报告中未详细说明项目的建设对历史古迹的保护是否造成影响,对项目选址的比较论证资料深度不够,缺乏项目的可行性分析和风险分析。

项目投资估算依据不正确,估算中的部分指标与颁布的工程造价指标存在较大差距。咨询公司建议该企业重新编制可行性研究报告。

问题分析

一般来讲,可行性研究报告的内容应该包括:项目概况、项目建设的必要性、市场预测、项目建设选址及建设条件论证、项目规划方案、建设规模和建设内容、项目外部配套建设、环境保护、劳动保护与卫生防疫、消防、节能、节水、总投资及资金来源、经济和社会效益、项目建设周期及工程进度安排、结论等。该项目可研报告缺少对建设选址与历史古迹遗址保护关系具体深入的分析比较论证,因而对项目的可行性和结论难以作出正确评价。

该企业向发改委申报的可研报告中项目总投资估算为4000万元,而在可研报告中并未明确资金的筹措方案,意味着该企业建设此项目是否存在投资风险还是不确定性因素。

解决方案

按照咨询公司的意见,该企业应对可研报告进行补充和完善,与当地文物局共同进行项目选址和历史古迹遗址保护措施的方案论证,并且详细论证项目建设对历史古迹遗址周边环境的影响。对项目进行详细而准确的投资估算,明确资金筹措方案,并重新对项目进行财务评价。

总结拓展

可行性研究是一项非常严肃认真的工作,它对于项目的科学决策起着十分重要的作用。因此,从事可行性研究工作的人员务必做到科学严谨、实事求是,依据的各类资料务必详细而准确。可行性研究报告应全面、客观,按照国家有关编制规范进行编制,充分论证项目的必要性和可行性,并对项目的不确定性进行深入研究。

可行性研究报告编制单位应当既具备较强的项目技术分析能力,又具有丰富的项目经验,编制的可研报告应满足项目投资决策的要求和能作为编制项目计划书的依据。可行性研究应认真做好投资估算和资金筹措:

(1)投资估算审计由审计部门对投资估算的真实性、准确性、科学性进行专项审查,进一步核实项目投资的规模、目标,为投资决策提供准确依据。其审计要点如下:

①投资估算的相关资料、数据、指标等依据是否合理,是否符合相关文件要求;

②投资估算的分项划分是否清晰,内容是否完整,是否包含建设工程投资估算的全部内容;

③各类费用采用的估算方法是否得当;

④投资估算的计算是否准确,是否达到规定的深度要求;

⑤投资估算是否经过评审,是否得到批复。

(2)资金筹措不仅渠道要明确,符合国家有关规定;还应提供意向性或协议性证明材料,企业自有资金部分,一定要有有关部门的证明材料或资产评估报告,以论证资金来源的可靠性。要根据资金筹措情况,必要时进行融资方案分析。

案例 2

背景材料

某高速公路大桥全长697.06m,设计上部结构为23×30m现浇连续箱梁,下部结构为柱式墩、肋式台、桩基础。资金来源为国家拨款。该项目于2010年4月批准立项,批复总投资为1.16亿元。2012年7月,进行项目设计公开招标,某设计院中标,该设计院根据勘察单位提供的初步勘察报告和详细勘察报告完成了初步设计和施工图设计。设计院在进行施工图设计时,考虑到该项目的勘察报告中提到地质条件较为复杂,有粉质黏土、粉土、圆砾、强风化泥质粉砂岩、中风化泥质粉砂岩等,各层分布不均,土层厚度变化很大,地下水位高、含水率大,基础形式选择了预应力管桩,每根管桩的长度在10~14m。2013年1月进行项目施工招标,某公路工程施工企业中标,投标报价工程量清单中管桩的长度也按10~14m考虑。某造价咨询机构对该工程进行全过程跟踪审计。

中标施工单位进场后,按设计的管桩长度开始打桩施工,造价咨询公司在跟踪审计中,发现管桩普遍要达到25~30m才能满足设计承载力要求,有的更是深达40多米,打桩参数还无法达到设计要求。整个管桩将比清单中计算的长度多8000多米。

问题分析

本案例属于基础设计不当,造成投资增加,不符合施工图设计文件,应当满足设备材料采购、非标准设备制作和施工需要的规定。

经过认真核查发现该工程基础土层中分布有厚度极不均匀的圆砾,且圆砾下面局部有较软岩层,而一般设计桩底持力层为圆砾时,应选用钻孔灌注桩。但设计人员没有充分对勘察资料进行方案比选,而是直接按照通常做法选择了预应力管桩,造成了预应力管桩在实际施工时很难控制深度的局面。

解决方案

建设单位组织勘察设计单位、施工单位、监理单位及质监站等部门认真分析了地质条件,研究了基础形式,并邀请岩土、结构方面的专家进行多次研讨,认为该工程采用钻孔灌注桩更为适宜。但考虑到工程基础已经施工一部分,且管桩已经订货,只能继续使用预应力管桩,要求设计单位修改管桩的直径、柱下承台及打桩参数,对原来已经施工的桩采取加桩、修改桩承台等加固措施,造成投资增加400余万元。

总结拓展

(1)在初步设计和施工图设计阶段,设计单位应进行深入细致的调查研究,了解工程具体情况,按国家标准设计。建设单位要提供资料并认真审查设计图纸。

(2)由于种种原因,初步设计图纸有时达不到应有的设计深度,有时甚至没有考虑某些分项工程的设计(但这些分项又是整个建设项目中不可缺少的),概算编制人员无法进行详细、准确的概算,必须跟设计人员进行充分沟通,完善初步设计,将遗漏的设计内容考虑到总概算中去,这样才不致出现概算漏项,保证初步设计概算文件的完整性。

案例 3

背景材料

某高速公路建设项目,其中有一桥梁下部构造设计为薄壁空心墩,墩身设计高度为60m。该高速公路建设项目资金来源为国家拨款。本工程 2015 年立项,2016 年 1 月勘察,2016 年 3 月进行初步设计,2016 年 7 月初步设计得到批准,2016 年 8 月进行施工图设计。经批准的投资概算为 6662 万元,其中建安工程费 5439 万元、设备购置费 110 万元、工程建设其他费用(含建设单位管理费、工程项目前期费用、工程监理费、勘察设计费、施工图审查费、招标及编标费等)772 万元、预备费 341 万元。施工图预算(含工程量清单)由某设计院造价所编制,编制的施工图预算为 5872 万元,某工程造价咨询公司进行审核。工程造价咨询公司审核后的预算造价中建安工程费为 5625 万元,超概算中建安工程费186 万元。工程造价咨询公司将施工图预算与概算中的建安工程费进行了详细对照,发现产生问题的原因如下:

(1)浇筑该桥梁薄壁空心墩所需的内衬板数量,在批准的投资概算中按照 3 套配置,施工电梯和塔式起重机按照每天 2 个台班计算;而在施工图预算中,改变了原施工组织设计,内衬板的配套数量、施工电梯和塔式起重机的台班都发生变化。造成施工图预算比概算提高 78 万元。

(2)提高了人工工资单价。施工图预算中人工工资按照工程造价信息计取,概算中人工工资仅按概算定额价计取,未进行调整,两者相差 80 万元。

(3)施工图预算与概算编制期不同,材料价格相差 28 万元。

问题分析

设计概算是在初步设计或扩大初步设计阶段,编制的工程从筹建至竣工验收交付使用全过程建设费用经济文件,是国家确定和控制基本建设总投资的依据,是工程投资的最高限额,是考核分析设计方案经济合理性的依据。施工图预算要在批准的初步设计基础上,根据施工图设计文件编制工程建设费用。

在设计概算和施工图预算费用组成中,建筑安装工程费是构成建设投资的主要组成部分,也是公路工程造价管理的重点内容。从造价构成的角度分析,建筑安装工程费一方面反映了人工单价、机械使用单价、材料单价等,另一方面反映了建筑工程实体数量及其消耗数量。

设计概算和施工图预算费用中建筑安装工程费不同,反映出在这两个阶段人工、材料、机械的价格不同,设计内容主体工程量不同。

解决方案

由于预算已超概算,解决问题的方法有两个:
(1)修正原概算,报相关部门审批。
(2)超出的费用在预备费中解决,并对工程建设其他费用作适当压缩。

经与建设单位协商后,决定采取第二种方法。

总结拓展

(1)设计单位在进行施工图设计时,应严格遵照已批准的初步设计方案进行设计,严禁提高设计标准。

(2)在编制概算时,应依据有关文件规定编制,特别要注意当时的人工工资单价以及市场材料价格。

(3)由于概算编制期至工程正式动工建设,中间尚间隔一定时间,因此,在编制概算时应尽可能预测工程建设时期的人工、材料价格走势,准确编制概算,严格控制"三超"现象的发生。

案例 4

背景材料

2016年8月29日,某市交通运输管理局委托招标代理机构发布资格预审公告,对某分离式山区高速公路隧道建设工程进行招标。根据资格预审公告,投标单位的报名时间为8月29日至9月4日上午9:00—11:30,下午3:00—5:00(节假日除外);递交资格申请及证明材料的截止时间为9月4日下午5:00;资格审查日期为9月5日。

资格预审文件提出需审查的主要内容包括:投标人的企业概况与组织情况、财务状况、目前正在履行的合同情况、投入本项目的人员资历情况等。此外还明确规定,投标单位自2010年以来应有不少于3项隧道施工的施工经验,并获得过省级以上奖励。

截至投标单位递交资格申请及证明材料的截止时间,招标代理机构共收到7家投标单位的资格预审材料。经过资格预审，有 A、B、C、D、E 共 5 家投标单位通过了资格预审。9 月 8 日，招标代理机构向这 5 家投标单位发出了投标邀请函。9 月 29 日，开评标活动如期举行。9 月 30 日，招标代理机构发布预中标公告，B 投标单位成为此次承包该项目的中标人。10 月 7 日，D 投标单位提出质疑，B 投标单位 2010 年以来只做过 2 项隧道工程项目，不符合招标文件预审资格要求。招标代理机构对此答复为："B 投标单位虽然只做过 2 项隧道工程项目，但施工管理和工程质量很好，得到了业主的高度赞誉，在评审中，专家对其投标文件中的方案也非常认可。根据评标委员会的综合评定，B 投标单位的综合得分是第一名，所以 B 投标单位理应成为此次项目的合格中标人"。D 投标单位对招标代理机构的答复不满，向当地建设行政主管部门提出了投诉。

建设行政主管部门在接到投诉后，高度重视，邀请审计部门一起，成立调查组。审计调查组经查阅有关招投标文件及评标过程中的资料后认定：

(1) 投标单位的评审结果虽为第一名，但其资格不符合资格预审文件的要求。招标代理机构对资格预审文件中的投标单位资格要求未进行变更而使 B 投标单位通过了资格预审，没有严格按照资格预审公告进行投标人资格审查，违反了《中华人民共和国招标投标法》第四十条"评标委员会应当按照招标文件确定的评标标准和方法，对投标文件进行评审和比较"的规定；

(2) 此次资格预审安排的时间不符合《中华人民共和国招标投标实施条例》和《政府采购货物和服务招标投标管理办法》(财政部令 87 号) 对资格预审期限的有关要求，"资格预审文件或招标文件的发售期不得少于 5 日"，"提交资格预审申请文件的期限，自资格预审文件停止发售之日起不得少于 5 日"。

综上分析，该项目招标评标均违反了招标工作的公平公正原则。

问题分析

对投标人的资格进行审查，是招投标过程中的一个重要环节。主要任务是查核投标单位的资质等级、人员技术、施工设备、工作业绩、资金保障及信誉等方面是否达到招标文件的要求，其目的为了更好地履行招标的合同，使建设工程的工期、质量、造价等方面都能获得良好的经济效益和社会效益。通过资格预审，招标单位择优选择施工单位、全面降低工程造价，进而为工程项目施工质量提供保障，也使工程造价得到合理有效控制。对投标单位来说，通过发布的项目资格预审文件，提前了解项目信息，提前了解是否有能力参与投标。不够投标资格的投标单位，可以不必浪费时间和精力，节省了投标单位的时间和投标成本。对于未能通过资格预审的投标单位，面临激烈的竞争压力和市场的优胜劣汰，为了生存和发展，就会不断的寻找提高自身能力的手段和方法，从而也能促使工程施工行业的企业提升管理水平。

解决方案

建设行政主管部门根据调查组的意见，做出如下处理：

综合得分排名第一的 B 投标单位不符合资格预审文件中对施工经验的要求,予以废标处理,综合得分排名第二投标单位的为中标人。

总结拓展

资格预审条件的设定是招标人选择理想投标单位的前提条件,是建设项目得到正确理解、有效实施的基本保证。因此,招标单位在对资格预审条件设定时,要充分考虑项目的基本要求和特殊要求。如本案例中项目既然是分离式山区高速公路隧道,招标方如考虑到施工方的隧道工程施工经验,可以只要求投标单位有这方面的施工经验并提供竣工验收证明材料即可,不必设定几个工程项目的个数,反而限制了自己的选择范围,不利于公平公正地从优选择施工队伍。如果资格预审文件明确了必须有隧道施工经验,招标评标就应该严格按此规定进行评审。

资格预审条件应当具有必要性,即这些资格条件应当是实施招标工程项目必须具备的条件。对于招标人基于招标项目需要而对潜在投标人应具备的招标资格进行限制的,因其确定具有较强的主观判断性质,可能会故意或无意地形成对潜在投标人的歧视条款,所以招标人必须公布理由。

严格贯彻实施《中华人民共和国招标投标法》,对于进一步统一工程招标投标规则、提高招标文件质量、规范招标投标活动、加强政府投资管理、预防和遏制腐败,促进形成统一开放、竞争有序的招标投标市场,具有重要意义。

案例 5

背景材料

某市政道路工程 K0+000—K2+200 段,全长 2200m,路幅宽 46m,路面采用重胶沥青商品混凝土,人行道铺贴 300mm×300mm 彩色人行道板,道路一侧每隔 50m 设预留井一个,并预埋 $\phi 200$PVC 管道,以便今后布置电话、网络等弱电电缆。资金来源为国拨和自筹资金,本工程 2010 年立项,2011 年 6 月进行勘察,2012 年 1 月完成施工图设计,拟采用工程量清单招标,工程量清单由某设计院编制,某咨询公司进行审核,招标控制价为 6485 万元。

造价咨询公司在对工程量清单和招标控制价进行审核时,发现清单内容编制不完整,主要存在以下问题:

(1)道路在 K0+800—K1+100 段有一处水塘,施工时必须修筑施工便道,清单中未考虑。

(2)道路在 K0+800—K1+100 段,有长 50m、高 5.6m 的钢筋混凝土挡土墙所需的双排脚手架搭拆费未计。

(3)道路一侧的预留井由于设计深度不够,没有详细尺寸,工程量未计。

(4)招标文件规定的300万元暂列金额没有列入其他项目清单中。

问题分析

根据《建设工程工程量清单计价规范》(GB 50500—2013)的要求,施工措施项目是为完成实体项目施工,发生于该项目施工前和施工过程中技术、生活、安全等方面的非工程实体项目名称和相应数量的明细清单。措施项目费应包括:安全文明施工费、夜间施工增加费、二次搬运费、冬雨期施工增加费、已完工程及设备保护费、工程定位复测费、特殊地区施工增加费、大型机械进出场及安拆费、脚手架工程费。

编制该道路工程工程量清单和招标控制价的造价人员对工艺流程、施工规范和《建设工程工程量清单计价规范》(GB 50500—2013)不熟悉,对完成本道路施工必需的施工便道、脚手架等费用没有列项,造成工程量清单所包括的工作内容不完整,将引起施工方在施工过程中产生大量变更及经济签证。

道路一侧的预留井未计算工程量,是由于设计深度不够,没有详细尺寸,造成工程量漏项。

根据《建设工程工程量清单计价规范》(GB 50500—2013)的要求,暂列金额是招标人为可能发生的工程变更而暂列的金额,作为工程项目费用的一个组成部分,编制清单招标控制价时应该填写,本工程的300万元暂列金额没有列入其他项目清单中,将导致今后变更增加的内容没有资金来源,造成后期管理的被动。

解决方案

应对工程量清单和控制价修正如下:

(1)认真分析整个项目所需的措施项目,将完成全部分部分项工程所需的施工便道、脚手架搭拆费等漏计的措施项目补充完整。

(2)与设计人员进行沟通,补充相关资料,将预留井未计的工程量进行准确计算,列入分部分项清单项目中或以暂估价列入其他项目清单中。

(3)将漏计的300万元暂列金额列入其他项目清单中。

总结拓展

编制工程量清单前要全面理解招标文件的内容,严格按照招标文件中的要求编制。招标文件中的有关暂估价和暂列金额要在工程量清单和招标控制价中体现。对分部分项工程量清单费用、措施项目清单费用等要认真区分,仔细核对,要认真分析完成各分部分项工程施工所需的相关技术措施。

应对图纸内容认真核对和分析,对每一个清单项的工作内容应表述准确、完整,避免漏项。为避免清单编制内容不完整或漏项,在工程量清单发给投标单位时,可增加一个附表,要求投标方对清单中存在的问题进行记录或提出修改意见,在招标答疑时对工程量清单和招标控制价进行完善。

案例 6

背景材料

某预应力混凝土连续梁桥,桥跨组合为 50m + 3 × 80m + 50m,桥梁全长 345.50m,基础为钢筋混凝土预制管桩基础,桥墩为每排三根共 6 根 2.5m 的桩,桥台为 8 根 2.0m 的桩。资金来源为国家拨款,本工程 2012 年 1 月立项,2012 年 6 月勘察,2013 年 1 月完成施工图设计,拟采用工程量清单招标,工程量清单由某设计院编制,招标控制价为 5852 万元。某造价咨询公司进行审核。

该项目招标文件中预制管桩的清单项目特征描述见表 8-1。

工程量清单 表 8-1

编码	项目名称	项目特征	单位	数量	工程内容
010301002	预制钢筋混凝土管桩	土质类别见地质报告,持力层为强风化砂砾层,单桩长度、根数(单桩长暂按 14m 计算),桩径 2.5m 混凝土强度等级 C20 柴油打桩机防护材料:刷沥青	m	680	桩制作、运输打桩、试验桩、送桩清理、运输刷防护材料

造价咨询公司在对工程量清单和招标控制价进行审核时,发现预制管桩的清单项目特征描述不完整,体现在以下三方面:

(1)封桩尖和桩顶的填充材料在清单的特征描述中没有此项内容;

(2)原清单描述中没有桩尖的工作内容,桩尖形式、材质等均未选定;

(3)桩长暂定长度为 14m,清单描述中没有设定一个桩长范围值。

问题分析

(1)根据《建设工程工程量清单计价规范》(GB 50500—2013)中预制钢筋混凝土管桩的项目特征要求,要求对以下特征进行描述:地层情况、送桩深度、桩长、桩外径、壁厚、桩倾斜度类型、沉桩方法、桩尖类型、混凝土强度等级、填充材料种类、防护材料种类。涉及本案例原清单描述中对封桩尖和桩顶填充材料没有说明;对桩尖形式、材质等也未进行具体规定。这都属于工程量清单的项目特征描述不完整。

(2)对桩长没有设定深度区间范围,当实际桩长有超深现象时,施工方可能因深度超深而推翻原单价要求重新组价,给今后的竣工结算工作带来争议。

解决方案

对预制管桩的清单项目描述进行修正,审核调整后的清单描述见表8-2。

(1)补充原清单描述中桩尖和桩顶填充材料的说明;

(2)对桩尖形式、材质等进行具体规定,如采用十字形铁制桩尖;

(3)根据地质报告,对桩长给出一个深度区间。当实际桩长超过14m时,可避免施工方因深度问题推翻原单价而要求重新组价,只有超出该范围时才能进行重新计价。

修正后的工程量清单　　　　　　表8-2

编码	项目名称	项目特征	单位	数量	工程内容
010301002	预制钢筋混凝土管桩	土质类别见地质报告,持力层为强风化砂砾层,单桩长度、根数(单桩长暂按14m计算),桩径2.5m混凝土强度等级C20柴油打桩机防护材料;刷沥青管桩填充材料C20采用十字形铁制桩尖	m	680	桩制作、运输打桩、试验桩送桩清理、运输刷防护材料

总结拓展

(1)编制工程量清单时要按施工规范和《建设工程工程量清单计价规范》(GB 50500—2013)的要求,完整描述项目特征,避免由于项目特征描述不完整而引起争议。

(2)工程量清单的项目特征描述必须结合工程实际情况,对于一些与地质条件有关的技术数据不用描述得太精确(如桩长、土方开挖深度等),而应按地质资料确定一个适当的范围值。

(3)在跟踪审计时要注意核对各清单项目实际完成的工作内容与原清单描述是否相同,没有实施的工作内容要做好记录,以便今后调减其综合单价。

案例 7

背景材料

某人工挖孔桩工程,桩径800mm,桩深12~15m,设计采用钢筋混凝土护壁,由某基础工程公司按成桩体积以 680 元/m³ 承包施工,工期45天。由于甲方工期紧迫,双方合同约定工期每推迟一天处以2000元/天的违约金处罚。在设计交底和图纸会审会议上，承包方提出：甲方提供的地质勘察报告钻探点位较少而施工区域较大，如实际施工中遇到流沙层和地下水如何处理。经讨论研究决定如遇上述情况时采用人工井点降水和钢管护壁措施。

在实际施工时，由于地下水位过高和局部区域出现了2.5m厚的流沙层，承包方在场地四角增挖了4根降水桩采用抽水机降水，流沙层采用6mm厚钢板卷管护壁，由于施工难度加大，该工程最后拖延工期11天。承包方在采取这些措施的过程中未能及时与监理工程师联系，监理工程师对实际完成的抽水机台班和钢管护壁的工程量未予签证认可。工程竣工后承包方根据自己的施工记录和加盖了竣工章的施工图向甲方办理结算，并提出流沙层和地下水属于有经验的承包商无法预测的地质风险，要求变更合同价款和顺延工期。

建设单位造价工程师审查认为：

（1）甲方在合同签订前已将设计施工图、地质勘察报告资料提交给乙方。流沙和地下水属于作为有经验的专业承包方应该能预测到的施工风险，事实上乙方也意识到了这种风险并在图纸会审会议上提出了处理措施，但并未提出工期和费用要求，因此可以认为乙方在合同单价中已充分考虑到了这种风险。

（2）乙方在处理地下水和流沙层的施工过程中未及时要求监理工程师到场核实计量并办理相关签证手续，因此没有合法有效的资料证明发生该事件对工程造价和工期的影响程度。

（3）乙方拖延工期11天，按合同约定应承担违约金22000元。

问题分析

根据民事诉讼中"谁主张，谁举证"的法律规定和《建设工程施工合同示范文本》（GF—2017—0201）"当一方向另一方提出索赔时，要有正当索赔理由且有索赔事件发生时的有效证据"及"发出索赔意向通知后28天内，向工程师提出延长工期和（或）补偿经济损失的索赔报告及有关资料"的规定，提出索赔要求的一方负有举证义务。

本工程实际地质条件与甲方提供的地勘报告不相符，承包人申请索赔的理由是存在的，但承包方却没有积极主动地收集、整理和补充完善相关资料。其一，图纸会审会议上，承包方预见到了施工过程中可能发生的风险，但承包方并未出具工期顺延和调价申请资料，反而使之成为承包方的合同风险。其二，承包方在事件过程中未及时通知监理工程师计量，未获得相应的监理签证，即使索赔理由成立，承包方也因无法提供相关索赔依据而无法获得成功。

解决方案

对于本案例承包方提请的索赔事项，可得出如下结论：

（1）因为承包方索赔依据不充分，未提供相关资料，其索赔要求不予接受，工程造价不予调增。

（2）承包方拖延工期11天，根据双方合同约定承担违约责任，处罚22000元。

总结拓展

工程索赔的依据是索赔工作成败的关键，有了完整的资料，索赔工作才能进行。索赔依据的充分性、真实性、完整性、关联性是成功索赔的基础。

索赔的依据包括监理工程师指令、口令（事后要及时整理成书面指令并由监理工程师签字确认）、往来信函文件、设计变更单、现场签证、补充协议、调价协议、会议记录、工程验收记录、原始采购凭证、招标文件、投标文件、施工日志等。因此，在施工过程中基础资料的收集积累和保管是很重要的，应分类、分时间进行保管。

索赔意向书提交后，就应从索赔事件起算日起至索赔事件结束日止，认真做好同期记录，并取得现场监理工程人员的签认；索赔事件造成现场损失时，还应做好现场照片、录像资料的留存，且打印说明后请监理工程师签字。

案例 8

背景材料

某机场专用公路总长5.2km，采用工程量清单招标，造价为2851万元。合同中明确规定了施工单位必须规范施工，施工过程中应采取必要环境保护措施，工程完工后必须清场。

审计部门在该工程结算审计中，接到反映"施工单位多个弃土场处理不到位，乱堆乱放现象严重"的举报。审计人员立即深入工地核实，发现举报的情况属实，施工单位合同履行不全面，没有按施工规范和环保要求对弃土区土石方进行平整和压实，存在水土流失的隐患。

问题分析

根据《中华人民共和国合同法》第一百零七条规定"当事人一方不履行合同义务或者履行合同义务不符合约定的，应当承担继续履行、采取补救措施或者赔偿损失等违约责任"。该施工单位合同履行不全面，未对弃土区进行必要的处理，不符合安全施工、文明施工的基本要求，违反了合同约定及《中华人民共和国合同法》的相关规定。施工单位应严格履行合同后才能办理工程结算付款手续。

解决方案

建设单位根据审计部门意见,由工程部对弃土区进行了检查,提出了整改要求,要求施工单位按规范和图纸要求进行处理,将随意堆放的弃土进行平整压实、对边坡进行加固处理、用原表土对弃土场进行覆盖。施工单位按以上要求进行了整改并经建设单位验收合格后,建设单位按合同约定及时办理结算付款。

总结拓展

在结算合同价款时,应根据招标文件和合同条款详细了解施工单位应承担的义务,除了审查实体工程量的完成情况外,还要对质量、工期、环保等进行全面审查,在确定施工单位全面履行合同义务后,才能予以付款。

案例 9

背景材料

某立交桥工程,招标时为初步设计图纸招标,经公开招标,确定了中标单位,施工合同参照《公路工程标准施工招标文件》(2009年版)订立,合同工期为2015年4月10日至2016年12月31日,合同条款作了如下约定:

(1)采用固定单价合同形式,结算工程量以实际发生为准。

(2)施工期间主要材料价格上涨或下降幅度在5%以内(含5%)时,其差价由承包方承担或受益;当上涨或下降幅度超出5%时,其超出部分的差价由发包人承担或受益。

(3)承包方可按下列程序以书面形式向发包方索赔:

①索赔事件发生后28天内,向监理工程师发出索赔意向通知;

②发出索赔意向通知后28天,向监理工程师发出延长工期、补偿经济损失的索赔报告及有关资料;

③在收到承包方交送的索赔报告和有关资料后,于28天内给予答复,或要求承包方进一步补充索赔理由和证据;

④在收到承包方交送的索赔报告和有关资料后28天内未予答复或未对承包方做进一步要求,视为该项索赔已经认可。

承包方上报了竣工结算,甲方委托咨询单位代为进行内审,承包方对内审结果存在争议,提请国家相关审计部门审定。具体争议问题如下:

(1)招标时初步设计图纸对路面及桥面铺装上面层的说明为细粒式沥青混凝土,工程量清单也以细粒式沥青混凝土列入，施工图设计说明中将路面及桥面铺装上面层明确为 SUP-13 细粒式沥青混凝土，使用 SBS 改性沥青，集料为玄武岩并掺加抗剥落剂。

承包方认为：原招标沥青混凝土上面层未明确材料种类，应当允许投标人按满足技术规范要求的热拌沥青混凝土考虑，即沥青为普通路用石油沥青、碎石为普通路用石灰岩、级配为密级配沥青混凝土，投标时也是按这类沥青混合料报价的；而施工时如果依据设计图纸，采用 SBS 改性沥青、玄武岩、SUP 级配都造成材料价格大幅增加，应当重新确定上面层的单价，补偿改性沥青与普通沥青的差价，补偿玄武岩与石灰岩的差价，补偿 SUP 级配差价。

初审认为：作为有经验的承包方，应当考虑上述差异并要求业主在招标时明确，且 SUP-13 细粒式沥青混合料面层与立交桥相接的北环线上面层形式一致，此类沥青混凝土已为本地区高架道路上面层的通用结构层，投标人应当在投标时作出考虑，现不应当给予补偿。

（2）本桥梁商品混凝土由甲方提供，在 2015 年 8 月至 11 月期间，商品混凝土无法及时供应。承包方在事件发生后向业主提交了索赔意向书，要求业主予以考虑，并对商品混凝土不能及时供应情况做了一日一记，经现场监理确认，承包人于 2015 年 12 月 20 日申报"甲方提供商品混凝土不及时影响施工进度"，申报了停工待料的具体时间和部位，监理和业主均批复"情况属实"。2015 年 12 月 27 日承包商又申报"甲方提供商品混凝土不及时造成停工损失费用，补偿 61.24 万元"，监理作了初步审核后按 61.24 万元提交业主，业主未签认。

承包人认为：依据合同索赔条款的约定，"监理工程师、业主在收到承包人交送的索赔报告和有关资料后 28 天内未予答复或未对承包人做进一步要求，视为该项索赔已经认可"，业主未签认已超过 28 天，应当依合同办事，认可补偿款 61.24 万元。

初审认为：虽然本合同约定监理工程师、业主在 28 天内未予答复视作认可，但作为合同文件的组成部分，应当是签字生效；且根据本地区造价管理处颁布的结算审核的相关文件规定，"施工签证无监理和业主签字，一律不予认可"，对本索赔款项予以否决，不予认可。

（3）工程投标时普通钢筋价格为 2690 元/t，施工过程中钢筋平均价格为 3440 元/t，经各方确认无误。

承包人要求：按合同补偿材料差价 5% 以外部分并计取税金，补偿价款为 $(3440 - 2690 \times 1.05) \times (1 + 3.41\%) = 636.49$（元/t）。

初审认为：材料差价是综合单价的组成部分，除扣除 5% 的上涨幅度以外，还需按中标下浮率下浮。本工程中标下浮率为 11.8%，钢筋补差金额应当为 $(3440 - 2690 \times 1.05) \times (1 - 11.8\%) \times (1 + 3.41\%) = 561.38$（元/t）。

承包人认为材料差价与中标下浮率没有关系，在材料差价承担 5% 风险后再下浮无法接受。

问题分析

(1)依据本工程招标阶段的上述事实,原招标文件沥青混凝土上面层未明确材料种类,而施工时依据的施工图设计改为 SUP-13 改性沥青混凝土(玄武岩)。在招标阶段未在招标文件中予以明确材料种类,责任在业主方,投标方无责任和义务要求业主予以明确,承包方有理由使用可为本工作提供合格产品的混合料,即普通重交沥青 + 石灰岩拌和的沥青混凝土。

(2)合同中条款"监理工程师在收到承包方交送的索赔报告和有关资料后 28 天内未予答复或未对承包方做进一步要求的,视为该项索赔已经认可"是对业主行为的约束条款,依据约定优先的原则,承包方应当得到支持,但承包方申报的 61.24 万元损失中有不合理计算。

(3)中标下浮率通常意义指的是中标价相对于标底的下浮率,是企业个别成本相对于社会平均成本的让利幅度,本工程合同中是用来对变更、新增综合单价进行价格调整的依据,没有依据可以证明是材料补差的调整依据。

解决方案

(1)对沥青混凝土组成材料的不同,应当给予补偿。补偿 SBS 改性沥青与普通重交沥青差价、补偿玄武岩(加抗剥落剂)与石灰岩差价,因 SUP 级配与 AC 级配在价格上差异甚微,不予考虑。

(2)经审核,承包方申报中人工费、待机台班费均有高估冒算,真实费用应当为 16.3 万元,经审计方的协调,业主与施工方均表示认可。

(3)从费用索赔角度看,材料差价是一项单纯意义上的材料补偿费用,除合同规定的 5% 风险幅度,也不存在下浮的理论空间。经审核,同意材料差价按承包方的计算公式计算。

总结拓展

《中华人民共和国合同法》《工程量清单计价规范》《公路工程施工合同范本》及相关工程建设项目的法律法规文件和标准,是工程审计的基础;但同时也要结合工程项目的实际情况进行分析,使审计结果合理有效。

工程结算过程中须面对多种复杂的有争议的证据和线索,协调对结算争议的工作越来越重要。审计工作需要多方面的综合知识,离不开工程技术、法律法规、市场信息、合同管理等方面知识的掌握,造价执业过程中须不断积累。

参 考 文 献

[1] 中华人民共和国行业标准.公路工程建设项目概算预算编制办法:JTG 3830—2018[S].北京:人民交通出版社股份有限公司,2018.

[2] 中华人民共和国行业标准.公路工程建设项目投资估算编制办法:JTG 3820—2018[S].北京:人民交通出版社股份有限公司,2018.

[3] 中华人民共和国行业标准.公路工程预算定额:JTG/T 3832—2018[S].北京:人民交通出版社股份有限公司,2018.

[4] 中华人民共和国行业标准.公路工程机械台班费用定额:JTG/T 3833—2018[S].北京:人民交通出版社股份有限公司,2018.

[5] 中华人民共和国行业标准.公路工程建设项目造价文件管理导则:JTG 3810—2017[S].北京:人民交通出版社股份有限公司,2017.

[6] 中华人民共和国交通运输部.公路工程标准施工招标文件(2018年版)[M].北京:人民交通出社股份有限公司,2018.

[7] 交通运输部职业资格中心.公路工程造价基础理论及相关法规[M].北京:人民交通出版社股份有限公司,2015.

[8] 交通运输部职业资格中心.公路工程造价的计价与控制[M].北京:人民交通出版,2011.

[9] 全国造价工程师职业资格考试培训教材编审组.建设工程造价案例分析[M].北京:中国城市出版社股份有限公司,2015.

[10] 全国造价工程师执业资格考试培训教材编审委员会.建设工程计价[M].北京:中国计划出版社,2014.

[11] 宁金成,张万臣.公路工程案例分析[M].北京:人民交通出版社,2007.

[12] 王首绪.公路施工组织及概预算[M].4版.北京:人民交通出版社股份有限公司,2020.

[13] 李栋国,马洪建.公路工程与造价[M].武汉:武汉大学出版社,2017.

[14] 马敬坤,宁金成.公路施工组织设计[M].3版.北京:人民交通出版社股份有限公司,2018.

[15] 邓人庆,张丽华.公路施工组织与概预算[M].北京:人民交通出版社股份有限公司,2010.

[16] 高峰,张宝成.公路施工组织与概预算实训[M].北京:北京理工大学出版社,2014.

[17] 公路工程施工组织设计实例应用手册[M].北京:中国建筑工业出版社,2011.

[18] 王永生.公路工程施工组织与概预算习题册[M].北京:中国劳动社会保障出版社,2011.

[19] 高峰.公路工程造价实务[M].北京:北京理工大学出版社,2018.

[20] 孙永红.公路工程管理与实务[M].北京:中国建筑工业出版社,2013.

[21] 公路工程管理与实务案例分析与专项突破[M].北京:中国建筑工业出版社,2018.

[22] 交通运输部职业资格中心.公路工程造价案例分析[M].北京:人民交通出版社,2011.

[23] 铁俐.关于建筑施工企业工程造价管理的研究[J].城市建设理论研究,2015,5(14):343-344.

[24] 王芳.建筑工程全过程造价的控制措施[J].四川水泥,2018(4):241.

[25] 康兰翠.浅谈房屋建筑工程造价管理与控制[J].中国建筑金属结构,2013(8):214-216.

[26] 曾程.试析建筑工程项目的工程造价全过程动态控制[J].建设科技,2018(5):78.

[27] 欧阳芝.面向BIM技术的全过程工程造价管理研究[J].价值工程,2018(31):24.

[28] 王雪青.工程项目成本规划与控制[M].北京:中国建筑工业出版社,2010.